国家改革和发展示范学校建设项目
课程改革实践教材
全国中职汽车专业实用型规划教材

汽车维护与保养

主　编　向　阳

副主编　李顺华　张　杰　覃延翔　刘志云

编　者　刘　慧　张元中　陶长虎

哈尔滨工业大学出版社
HARBIN INSTITUTE OF TECHNOLOGY PRESS

内容简介

本书以汽车维护与保养中的工作任务为一个相对完整的学习过程,围绕工作任务聚焦知识和技能,向读者翔实地介绍了每个任务的操作过程,注重知识与技能的培养与实际操作。本书打破了传统教材的章节体例,在每个任务前给出知识目标、技能目标等,体现任务导向的教学观,力求把汽车维护基础知识、汽车维护与保养基本技能、汽车维护与保养拓展技能有机地结合起来。其内容实用,操作性强,通过具体实例,配合大量操作图片,把汽车保养与维修基本操作流程和操作要求做了清晰的介绍,以提升学生学习的主动性和求知欲。

图书在版编目(CIP)数据

汽车维护与保养/向阳主编. —哈尔滨:哈尔滨工业大学出版社,2014.8
ISBN 978-7-5603-4870-4

Ⅰ.①汽… Ⅱ.①向… Ⅲ.①汽车-车辆修理-高等学校-教材②汽车-车辆保养-高等学校-教材 Ⅳ.①U472

中国版本图书馆 CIP 数据核字(2014)第 174391 号

责任编辑	刘 瑶
出版发行	哈尔滨工业大学出版社
社　　址	哈尔滨市南岗区复华四道街 10 号 邮编 150006
传　　真	0451-86414749
网　　址	http://hitpress.hit.edu.cn
印　　刷	三河市越阳印务有限公司
开　　本	850mm×1168mm 1/16 印张 9 字数 256 千字
版　　次	2014 年 8 月第 1 版　2014 年 8 月第 1 次印刷
书　　号	ISBN 978-7-5603-4870-4
定　　价	22.00 元

(如因印装质量问题影响阅读,我社负责调换)

前言

汽车业是推动科学技术发展的龙头产业,也是推动国民经济发展的支柱产业,正因如此,我国的汽车售后市场也随之迅猛发展,汽车维护与保养已成为汽车售后市场非常重要的组成部分。目前在汽车维修业中一个新的观念,即"三分修、七分养、以养代修"正在被广大车主所接受。国家标准《车辆维护、检测、诊断技术规范》中强调指出:车辆维护的核心是"定期检测、强制维护、视情修理",这也充分说明了汽车维护与保养的重要性。

中等职业教育作为我国高中阶段教育的重要组成部分,肩负着培养技能型人才的重任,其发展正日益得到重视。然而,目前我国许多中等职业学校实施的教学与所承担的任务不相适应,许多学校课程内容陈旧,不适应生产实际的要求。为适应以"能力为本、就业为先、全面发展"的职业教育改革,以及为更好地落实"校企合作、工学结合"的人才培养模式,使学生适应职业生涯和终身发展的需要,我们根据汽车技术最新发展状况,结合多年的教学经验组织编写了本书。

本书以汽车维护与保养中的工作任务为一个相对完整的学习过程,围绕工作任务聚焦知识和技能,向读者详实地介绍了每个项目的操作过程,注重知识与技能的培养与实际操作;打破了传统教材的章节体例,在每个任务前给出知识目标、技能目标及课时计划;体现了项目导向的教学观,力求把汽车维护基础知识、汽车维护与保养基本技能、汽车维护与保养拓展技能有机地结合起来。其内容实用,操作性强,通过具体实例,配合大量操作图片,把汽车保养与维修基本操作流程和操作要求做了清晰的介绍,以提升学生学习的主动性和求知欲。

本书按照"知识""能力""素质"并重的要求以"工学结合"为切入点,将"课堂理论教学、实验探究教学、实践体验教学"的教学体系落实在教材中,本书编写体例结合了企业生产一线的实际,在每个项目前进行情景导入,希望老师在教学过程中通过情景教学、体验教学等教学手段,采用"情境、体验、拓展、互动"的教学创新模式,把工作情境搬入课堂,并由以教师为主的教学模式转向以学生为主的教学模式,让学生不再感觉学习是一种负担,进而帮助学生在实习和就业后能够迅速适应社会、适应企业一线需要。

本书以"必须、实用、够用"为宗旨,以技能为主线,理论与技能有机结合,重在教会学生掌握必需的专业知识和技能。每项任务采用"情境导入""理论引导"再到"任务实施",突出"五新",即知识新、工艺新、技术新、设备新及标准新。

本书适用于中职汽车维修专业学生使用,也可以作为汽车维修培训机构的教学用书,以及汽车驾驶员日常维护、自我训练和自主学习的专业指导书。书中所涉及的规范与维护经验希望能给读者以启发和帮助。

由于编者的水平有限,加之编写的时间仓促,书中难免有不妥或错误之处,敬请广大读者和同人批评指正,提出修改意见和建议,以便再版修订时改正。

编 者

目录
CONTENTS

模块 1   汽车维护与保养概述 / 1

任务 1.1   维护与保养操作规范 / 2
任务 1.2   维护与保养作业要求 / 3
任务 1.3   维护与保养作业安全 / 5
任务 1.4   正确使用常用工具 / 5
任务 1.5   正确使用常用量具 / 14
任务 1.6   正确操作常用举升设备 / 20
课后练习 / 24

模块 2   汽车发动机的维护与保养 / 25

任务 2.1   曲柄连杆机构与配气机构的维护与保养 / 26
任务 2.2   润滑系的维护与保养 / 30
任务 2.3   冷却系的维护与保养 / 33
任务 2.4   进、排系统的维护与保养 / 38
任务 2.5   供油系的维护与保养 / 42
课后练习 / 54

模块 3   汽车底盘的维护与保养 / 55

任务 3.1   离合器的维护与保养 / 56
任务 3.2   变速器的维护与保养 / 59
任务 3.3   轮胎的维护与保养 / 62
任务 3.4   转向系的维护与保养 / 68
任务 3.5   制动器的维护与保养 / 72
课后练习 / 76

模块 4   汽车电气设备的维护与保养 / 77

任务 4.1   蓄电池的维护与保养 / 78
任务 4.2   发电机的维护与保养 / 83
任务 4.3   启动系的维护与保养 / 89
任务 4.4   灯光信号装置的维护与保养 / 93
任务 4.5   空调系的维护与保养 / 98
课后练习 / 99

CONTENTS

模块 5   汽车车身的维护与保养 / 101

    任务 5.1   车身表面状况的检查 / 102
    任务 5.2   发动机舱的检查 / 104
    任务 5.3   后行李箱的检查 / 105
    任务 5.4   车门性能的检查 / 106
    任务 5.5   车内座椅性能的检查 / 108
    任务 5.6   驾乘人员安全带约束装置的检查 / 109
    课后练习 / 111

模块 6   车辆维护与保养的综合任务 / 113

    任务 6.1   新车的检验与维护 / 114
    任务 6.2   日常维护与保养 / 119
    任务 6.3   一级维护与保养 / 121
    任务 6.4   二级维护与保养 / 124
    任务 6.5   汽车磨合期的维护与保养 / 131
    任务 6.6   汽车季节性的维护与保养 / 133
    课后练习 / 136

参考文献 / 137

模块 1

汽车维护与保养概述

【知识目标】

1. 了解汽车维修工在 4S 店售后服务流程中的责任与要求。
2. 熟悉汽车 4S 店车间 5S 管理的要求。
3. 熟悉汽车维护使用的各类工量具和测量仪器的功能。
4. 熟悉各类工量具、测量仪器的维护和保养方法。
5. 熟悉汽车维护使用中各类举升设备。

【技能目标】

1. 掌握汽车维护与保养作业安全操作要点。
2. 能按汽车维护与保养操作规范要求完成指定操作。
3. 掌握各类工量具、测量仪器的正确使用方法。

【课时计划】

任务	任务内容	参考课时		
		理论课时	实训课时	合计
1	维护与保养操作规范	1		1
2	维护与保养作业要求	1		1
3	维护与保养作业安全	1	1	2
4	正确使用常用工具	2	2	4
5	正确使用常用量具	2	2	4
6	正确操作常用举升设备	1	2	3

共计:15 课时

> **情境导入**
>
> 车主王先生到汽车4S店清洗节气门,在交车时,王先生发现汽车左前翼子板漆面被划伤,非常生气,要求4S店给予处理。服务经理经调查是维修工在拆节气门时没有安装翼子板护垫,在使用螺丝刀时不慎将其划伤的。如果你是服务经理,你该怎么做?

任务1.1 维护与保养操作规范

1.1.1 维护与保养前操作规范

(1)工作前应检查所使用工具是否完好。施工时工具必须摆放整齐,不得随地乱放,工作后应将工具清点检查并擦干净,按要求放入工具车或工具箱内。

(2)接到维修工单必须仔细阅读维修项目、交车时间,确定配件数量,如果在给定的时间内不能够完成维修项目,应及时和服务顾问沟通,以防客户抱怨。

(3)在作业前对车辆进行有效保护。例如,使用翼子板护垫(图1.1)以及使用"五件套"进行车身与车内保护。

1.1.2 维护与保养中操作规范

(1)拆装零部件时,必须使用合适工具或专用工具,不得大力蛮干,不得用硬物或手锤直接敲击零件。所有零件拆卸后要按顺序摆放整齐,不得随地堆放。

(2)废油应倒入指定废油桶收集,如图1.2所示,不得随地倒流或倒入排水沟内,防止废油污染。

图1.1 使用翼子板护垫

图1.2 废油的收集

(3)修配过程中应认真检查原件或更换件是否符合技术要求,并严格按修理技术规范精心进行作业和检查调试。

(4)在车上修理作业及用汽油清洁零件时不得吸烟,不准在车间内烧烘火花塞或点燃喷灯等。

(5)在修理过程中如果增加维修项目或延长维修时间,应及时和服务顾问沟通,经客户签字确认后再进行维护保养作业。

1.1.3 维护与保养后操作规范

(1)维护与保养后要仔细核对维修工单上的维修项目是否全部完成。

(2)确认完成后,对维修项目进行逐项检查,完成自检。

(3)自检完成后交予其他维修班组进行互检。

(4)互检后交予技术经理进行终检。

(5)车辆移出工位后对维修工位进行清理。

任务 1.2 维护与保养作业要求

1.2.1 4S店5S管理的要求

(一)5S的定义

丰田5S管理理念指整理(Seiri)、整顿(Seiton)、清扫(Seiso)、清洁(Seiketsu)、习惯(Shitsuke)五个项目,因日语罗马拼音均以"S"开头,简称5S。

5S起源于日本,通过规范现场、现物,营造一目了然的工作环境,培养员工良好的工作习惯,其最终目的是提升人的品质。

1. 整理

(1)主要内容。

将工作场所任何东西区分为有必要的与不必要的,把必要的东西与不必要的东西明确地、严格地区分开,不必要的东西要尽快处理掉。

(2)目的。

腾出空间,防止误用、误送。创造清爽的工作场所。

2. 整顿

(1)主要内容。

对整理之后留在现场的必要物品分门别类地放置,排列整齐。明确数量,并进行有效标识。

(2)目的。

工作场所一目了然,整整齐齐的工作环境能减少寻找物品的时间和消除过多的积压物品。

3. 清扫

(1)主要内容。

将工作场所清扫干净,保持洁净、亮丽的环境。

(2)目的。

消除脏污,保持工作场所干净、明亮,稳定品质,减少工业伤害。

4.清洁

(1)主要内容。

将上面的3S实施做法制度化、规范化,并贯彻执行及维持结果。

(2)目的。

维持上面3S的成果。

5.习惯

(1)主要内容。

通过晨会等手段,提高全员文明礼貌水准。培养每位成员养成良好的习惯,并按规则做事。开展5S容易,但长时间的维持必须靠素养的提升。

(2)目的。

培养具有好习惯、遵守规则的员工,提高员工文明礼貌礼仪,营造团体精神。

(二)5S的要求

(1)整理:区分必需品和非必需品,现场不放置非必需品;如整理物品时,应将很少使用的物品放在单独的地方,将经常使用的物品放在工作场地。

(2)整顿:将寻找必需品的时间减少为零。

(3)清扫:将岗位保持在无垃圾、无灰尘、干净整洁的状态。

(4)清洁:将整理、整顿、清扫进行到底,并且制度化。

(5)习惯:对于规定的制度,员工都要自觉遵守,直至养成良好的习惯。

(三)5S的实施步骤

(1)进行5S管理体系理论知识培训。

(2)进行5S管理体系理论知识考核。

(3)划分5S责任区,制定5S检查表、5S奖罚制度。

(4)定期、不定期进行5S检查,每月进行5S得分评比。

(5)按奖罚制度进行奖罚。

(6)不断整改并继续实施5S。

(四)5S的优点

5S管理是从细节着手进行的内部管理方法。5S活动不仅能够改善生产环境,还能提高生产效率、维修品质、服务水准、员工士气、减少浪费等,也是其他管理活动有效展开的基础。

1.2.2 维护与保养中的作业要求

(1)工作场所、车辆旁、工作台、通道应经常保持整洁,做到文明生产。

(2)工作时要集中精神,不准说笑、打闹。

(3)用千斤顶进行底盘作业时,必须选择平坦、坚实的场地,并用三角木将前、后轮塞稳,然后用安全凳将汽车支承稳固,严禁操作人员单纯用千斤顶顶起车辆在车底作业。

(4)进行发动机启动检验前,应先检查各部件装配是否正确,是否按规定加足润滑油、冷却水,置变速器于空挡,轻点启动马达试运转。

(5)发动机过热时,不得打开水箱盖,谨防沸水烫伤。

(6)操作旋转的工具或者在有旋转工具的地方工作时不能戴手套。
(7)紧固螺丝时要按照厂家规定的力矩进行操作,防止螺丝松动或损坏零件。
(8)拆装零件时要使用合适的工具,需使用专用工具的地方必须使用专用工具。
(9)一些零件在装配时有特殊技术要求的,安装后必须对其进行严格检测。
(10)维修保养后需对发动机进行启动试车或者上路行车试车,在确定达到要求后方可交车。
(11)汽车技术档案的记录资料一般包括车辆运行记录、维修记录、检测记录、总成维修记录等。
(12)对车辆进行检查时要按PDI三道工序,即验证车辆的状态、将车辆恢复到工作状态和汽车性能的检查。

任务1.3 维护与保养作业安全

1.3.1 维护与保养作业自身安全要求

(1)工作时必须按规定着装,不准裸露身体进行作业。
(2)不准赤脚或穿拖鞋、高跟鞋和裙子上班。留长发者要戴工作帽。
(3)工作时要集中精神,不准说笑、打闹。

1.3.2 维护与保养作业操作安全要求

(1)工作场所禁止吸烟。
(2)使用一切机械工具及电气设备,必须遵守其安全操作规程。
(3)在修理作业及用汽油清洁零件时,不准在车间内烧烘火花塞或点燃喷灯等。
(4)地面指挥车辆行驶、移位时,不得站在车辆正前方与后方,并注意周围障碍物。
(5)未经领导批准,非操作者不得随便动用机床等设备。
(6)经维护保养后可能造成车子不安全的因素要及时消除。例如,更换刹车片后要踩几脚刹车,以免造成车子开出去前几脚没有刹车效果等。

任务1.4 正确使用常用工具

1.4.1 普通工具

1. 开口扳手

开口扳手是汽车维护作业中最常用的工具之一,俗称呆扳手,按形状分为双头扳手和单头扳手。其作用是紧固、拆卸一般标准规格的螺母和螺栓。它开口的中心平面和本体中心平面呈15°、45°和90°,这样既能适应人手的操作方向,又可降低对操作空间的要求,以便在受限制的部位中扳动方便,如图1.3所示。开口扳手一般在工作区域较小或不能用梅花扳手或套管的部位使用,在使用开口扳手时应选择合适的尺寸型号,常用的开口扳手尺寸型号有7—9、8—10、9—11、12—14、13—15、14—17、17—19、19—22、24—27等,扳手上的尺寸数字为开口的毫米数。通常开口扳手成套装备,有8件1套、10件1套。开口扳手通常用45号钢、50号钢锻造,并经热处理制成。

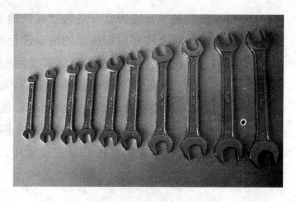

图1.3 开口扳手

开口扳手的使用方法:

(1)所选用的扳手的开口尺寸必须与螺栓或螺母的尺寸相符合,扳手开口过大,易滑脱并损伤螺母的六角。在进口汽车维修中,应注意扳手公制、英制的选择。各类扳手的选用原则:一般优先选用套筒扳手,其次为梅花扳手,再次为开口扳手,最后为活动扳手。

(2)活动扳手开口的内部较大,而头部较小,使用时应先将螺母卡入扳手开口内部,调整开口大小,使其卡紧螺母,再将扳手外拉后拧动。取下扳手时,前推扳手,向上取出。重新套上螺母时与此动作相反。可简记为"内套后拉,取时前推"。

(3)为防止扳手损坏和滑脱,应使拉力作用在开口较厚的一边,如图1.4所示。这一点对受力较大的活动扳手尤其应该注意,以防开口出现"八"字形,损坏螺母和扳手。

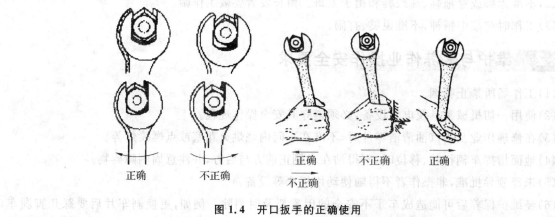

图1.4 开口扳手的正确使用

(4)普通扳手是按人手的力量来设计的,遇到较紧的螺纹连接件时,不能用锤击打扳手。除套筒扳手外,其他扳手都不能套装加力杆,以防损坏扳手或螺纹连接件。

2.梅花扳手

梅花扳手也是汽车维护作业中最常用的工具之一。梅花扳手与开口扳手的用途相似,但其两端是环状的,环的内孔由两个正六边形互相同心错转30°而成。可将螺栓和螺母头部套住,使用时,扳动30°后,即可换位再套,因而适用于狭窄场合下操作,如图1.5所示。拆卸或拧紧螺栓与螺母,一般选用梅花扳手,使用梅花扳手不容易损坏螺栓与螺母的凸角,如工作区域小而不能使用梅花扳手,才选用开口扳手。在使用梅花扳手时应选择合适的尺寸型号,常用的梅花扳手尺寸型号有7—9、8—10、9—11、12—14、14—17、13—15、17—19、19—24、24—27等,扳手上的尺寸数字为开口的毫米数。

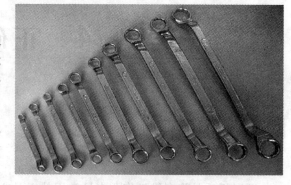

图1.5 梅花扳手

梅花扳手的使用方法：梅花扳手钳口是双六角形的，可以很容易地装配螺栓、螺母，并可以在一个有限空间内重新安装。同时，由于螺栓、螺母的六角形表面被包住，因此没有损坏螺栓角的危险，并可施加大扭矩。由于手柄具有一定的角度，因此可用于在凹进空间里或在平面上旋转螺栓、螺母。

使用时首先应选择尺寸合适的扳手，否则，极易损伤扳手和螺母。应尽量使用拉力，如果由于空间限制无法拉动工具，则可用手掌推它。已经拧得很紧的螺栓、螺母，可以通过施加冲击力轻松松开，如图1.6所示。但是不能使用锤子和管子（用来加长轴）来增加扭矩，如图1.7所示。

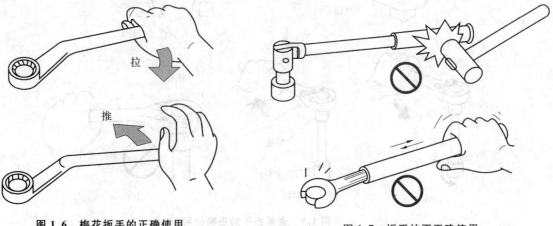

图1.6 梅花扳手的正确使用　　　　　图1.7 扳手的不正确使用

3.套筒扳手

套筒扳手是使用最方便、最灵活和最安全的工具之一，如图1.8所示。套筒扳手除了具有一般扳手的用途外，特别适用于旋转部位很狭小或隐蔽较深处的六角螺母和螺栓，它可以很快地拆下并更换螺栓、螺母。套筒扳手有大、小两种型号。套筒的深度有标准和深式两种类型，后者比标准的深2～3倍，较深的套筒适用于螺栓突出的螺帽。套筒钳口有两种类型，即双六角形和六角形，六角部分与螺栓、螺母的表面有很大的接触面，可以保护螺栓、螺母的表面。套筒扳手主要由套筒头、手柄、棘轮手柄、快速摇柄、接头和接杆等组成，各种手柄适用于各种不同的场合。由于套筒扳手各种规格是组装成套的，故适用方便，效率更高。常用的套筒扳手的规格是8～32 mm。

图1.8 套筒扳手

套筒扳手的使用方法：旋动套筒扳手上的手柄可以改变扳手的用力方向，往左转可以拧紧螺母，往右转可以松开螺母。因此螺栓、螺帽可以不需要取下套筒头而往复操作，提高了工作效率，同时，套筒扳手可以以不同回转角锁住，可以在有限的空间内工作。但注意内部的棘轮不能承受较大的力，因此不要施加过大扭矩，可能损坏棘爪的结构，如图1.9所示。

在使用套筒时应注意：

(1) 棘轮手柄适合在狭窄空间内使用。然而，由于棘轮的结构，它不可能获得很大的扭矩。

(2) 滑动手柄虽然要求极大的工作空间，但它能提供最快的工作速度。

(3) 旋转手柄在调整好手柄后可以迅速工作。但此手柄很长，很难在狭窄空间使用。

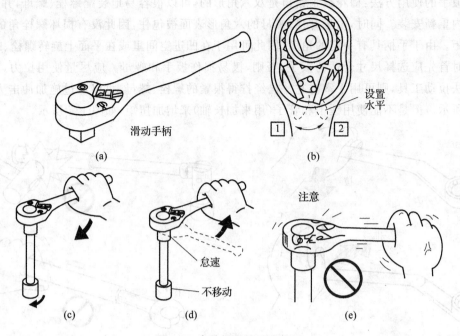

图 1.9 套筒扳手的正确使用

4. 活动扳手

活动扳手也称为可调扳手,适用于拆装尺寸不规则的螺栓、螺母。转动调节螺杆,可以使孔径与螺栓、螺母头部相配合。活动扳手由固定扳唇、活动扳唇、蜗轮和轴销组成,适用场合与开口扳手相同,其开口尺寸能在一定范围内任意调整,如图 1.10 所示。其规格是以最大开口宽度(mm)来表示,最大开口宽度为 14 mm、19 mm、24 mm、30 mm、36 mm、46 mm、55 mm 和 65 mm 等。其长度有 100 mm、150 mm、200 mm、250 mm、300 mm、375 mm、400 mm 和 600 mm 等,通常是用碳素钢(T)或铬钢(Cr)制成的。

图 1.10 活动扳手

活动扳手的使用方法:活动扳手可通过旋转调节螺丝改变口径。一个活动扳手可用来代替多个开口扳手,适用于尺寸不规则的螺母。使用时转动调节螺杆,使孔径与螺母头部配合完好,并注意使拉力作用在开口较厚的一边来转动扳手,否则将使压力作用在调节螺杆上,使其损坏,如图 1.11 所示。

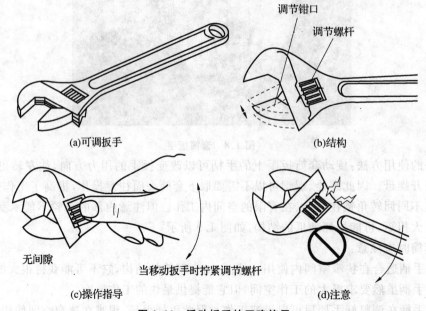

图 1.11 活动扳手的正确使用

5.扭力扳手

扭力扳手是一种可读出所施力矩大小的扳手,由扭力杆和套筒头组成。凡是对螺母、螺栓有明确规定的(如汽缸盖、变速器壳体的螺栓、螺母等),都要使用扭力扳手。扭力扳手可分为预置型和板簧式两种,如图1.12所示。

(1)预置型扭力扳手通过旋转套筒预设扭矩。拧紧时,听到咔嗒声,表明已拧紧到规定的扭矩。

(2)板簧式扭力扳手通过弯曲梁板,借助作用到旋转手柄上的力进行操作,此梁板由钢板弹簧制成。作用力可通过指针和刻度读出,以便取得规定的扭矩。

扭力扳手的规格是以最大可测力矩来划分的,常用的有0~300 N·m和0~500 N·m两种。扭力扳手除用来控制螺纹件旋紧力矩外,还可以用来测量旋转件的启动转矩,以检查配合、装配情况。

扭力扳手的使用方法:扭力扳手的使用方法如图1.13所示。使用时一只手按住套筒一端,另一只手平稳地拉动扭力扳手的手柄,并观察扭力扳手指针指示的转矩数值。切忌在过载的情况下使用扭力扳手,以免造成读数失准或扳手损坏。用后应将扭力扳手平稳放置,避免重物撞压,造成扳杆或扳手指针变形而影响其测量精度,甚至损坏扳手。

图1.12 扭力扳手

图1.13 扭力扳手的正确使用

6.内六角扳手

内六角扳手是用来拆装内六角螺栓(螺塞)用的,其规格以六角形的对边之间的尺寸来表示,如图1.14所示,有3~27 mm等13种尺寸。汽车维护作业中使用成套内六角扳手来拆装M4~M30的内六角螺栓。

7.螺丝刀

螺丝刀是用来拧动螺钉的工具,通常分为一字槽螺丝刀和十字槽螺丝刀两类。螺丝刀由手柄、导体和刃口组成,如图1.15所示。

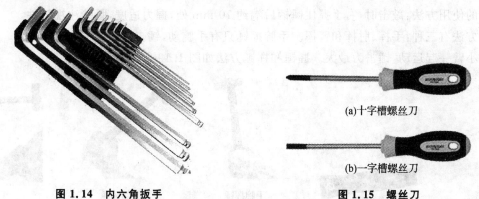

图1.14 内六角扳手　　　　图1.15 螺丝刀

(1)一字槽螺丝刀。一字槽螺丝刀用于旋紧或松开头部开一字槽的螺钉,一般工作部分用碳素工具钢制成,并经淬火处理。其规格以不含握柄刀体部分的长度表示,常用的规格有50 mm、65 mm、75 mm、100 mm、125 mm、150 mm、200 mm、250 mm、300 mm、350 mm、400 mm等,工作直径有

3 mm、4 mm、5 mm、6 mm、7 mm、8 mm、9 mm、10 mm 等，使用时，应根据螺钉沟槽的宽度选用相应的规格。

（2）十字槽螺丝刀。十字槽螺丝刀用于旋紧或松开头部带十字沟槽的螺钉。材料和规格与一字槽螺丝刀相同。

螺丝刀的使用方法：使用时，右手握住螺丝刀，手心抵住柄端，螺丝刀与螺钉同轴心，压紧后用手腕扭转。松动后用手心轻压螺丝刀，用拇指、中指、食指快速扭转，如图 1.16 所示。使用长杆螺丝刀时，可用左手协助压紧和拧动手柄。刃口应与螺钉槽口大小、宽窄、长短相适应，刃口不得残缺，以免损坏槽口和刃口。

螺丝刀的使用注意事项如下：

①使用前先擦净油污，以免工作中滑脱而发生意外。

②选用的工具与螺栓上的槽口相吻合，刃口太薄易折断，太厚使旋具和螺栓口损坏。

③使用时不允许将工件拿在手上拆装螺钉，以免螺丝刀从手中滑出伤手。

④不允许用螺丝刀当撬杠使用，如图 1.17 所示。

⑤不允许用锤子敲击旋柄，不允许用扳手转螺丝刀的尾端来增加扭力。

⑥使用完毕后擦拭干净。

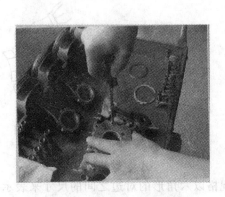

图 1.16　螺丝刀的正确使用

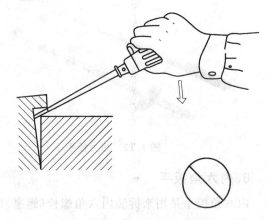

图 1.17　螺丝刀的不正确使用

8.锤子和手钳

（1）锤子。锤子俗称圆顶锤，如图 1.18 所示。其锤头一端平面略有弧形，是基本工作面；另一端是球面，用来敲击凹凸形状的工件。其规格以锤头质量来表示，以 0.5～0.75 kg 的最为常用。锤头用 45 号钢、50 号钢锻造，两端工作面热处理后，硬度一般为 50～57HRC。

锤子的使用方法：敲击时，右手握住锤柄后端约 10 mm 处，握力适度，眼睛注视工件。

挥锤方法有三种：手挥、肘挥和臂挥。手腕挥锤只有手腕动，锤击力小，但准、快、省力。手臂挥锤是大臂和小臂一起运动，锤击力最大。握锤和挥锤方法如图 1.19 所示。

图 1.18　锤子　　　　　　　　　　　　图 1.19　握锤和挥锤方法

手柄应安装牢固,用楔塞牢,防止锤头飞出伤人。

锤头应平整地击打在工件上,不得歪斜,防止破坏工件表面形状,如图1.20所示。

拆卸零部件时,禁止直接锤击重要表面或易损部位,以防出现表面破坏或损伤。

图1.20 锤子的使用

(2)手钳。常见的手钳有钢丝钳、鲤鱼钳、尖嘴钳及卡簧钳等。

①钢丝钳。其结构如图1.21所示。按长度分150 mm、175 mm和200 mm三种。钢丝钳主要用于夹持圆柱形零件,也可以代替扳手旋动小螺栓、小螺母,钳口后部的刃口可剪切金属丝。

②鲤鱼钳。其结构如图1.22所示。钳头的前部是平口细齿,适用于夹捏一般小零件,中部凹口粗长,用于夹持圆柱形零件,也可以代替扳手旋小螺栓、小螺母,钳口后部的刃口可剪切金属丝。由于一片钳体上有两个互相贯通的孔,又有一个特殊的销子,因此操作时钳口的张开度可很方便地变化,以适应夹持不同大小的零件,是汽车维修作业中使用最多的钳子。其规格以钳的长度来表示,一般有165 mm和200 mm两种,用50号钢制造。

图1.21 钢丝钳

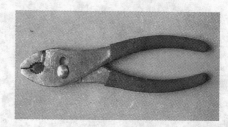

图1.22 鲤鱼钳

③尖嘴钳。尖嘴钳的外形如图1.23所示,因其头部细长而得名,能在较小的空间内使用。刃口也能剪切细小金属丝,但使用时不能用力太大,否则钳口头部会变形或断裂。其规格以钳的长度来表示,汽车拆装常用的是160 mm尖嘴钳。

④卡簧钳。卡簧钳(图1.24(a))也称挡圈钳,有多种结构形式,适用于拆装发动机中的各种卡簧(挡圈)。使用时应根据卡簧(挡圈)结构形式,选择相应的卡簧钳。图1.24(b)、(c)所示分别为常用的孔用和轴用卡簧的安装情况。

手钳的使用方法:

(1)用手握住钳柄后端,使钳口开闭、夹紧。

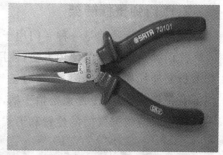

图1.23 尖嘴钳

(a)卡簧钳的外形　　(b)孔用卡簧　　(c)轴用卡簧

图1.24 卡簧钳

(2)不能用手钳代替扳手来拧紧或拧松螺栓、螺母,以免损坏螺栓、螺母头部棱角。

(3)不能用手钳柄当撬棒使用,以免使之弯曲、折断或损坏。

(4)不能用力太大,否则钳口头部会变形、销轴会松动。

1.4.2 专用工具

有些维修项目必须使用专用工具,才能顺利进行。

1. 活塞环拆装钳

活塞环拆装钳(图1.25)是一种专门用于拆装活塞环的工具。维修发动机时,必须使用活塞拆装钳拆装活塞环,防止不正当的操作而导致活塞环折断。

活塞环拆装钳的使用方法:

(1)使用时,将活塞环拆装钳上的环卡卡住活塞环开口,握住手柄稍稍均匀地用力,使活塞环拆装钳手柄慢慢地收缩,环卡将活塞环徐徐地张开,使活塞环能从活塞环槽中取出或装入,如图1.26所示。

(2)使用活塞环拆装钳拆装活塞环时,用力必须均匀,避免用力过猛而导致活塞环折断,同时能避免伤手事故。

图1.25 活塞环拆装钳

图1.26 活塞环拆装钳的使用

2. 气门弹簧拆装架

气门弹簧拆装架是一种专门用于拆装顶置气门弹簧的工具,如图1.27所示。

气门弹簧拆装架的使用方法:使用时,根据需要将拆装钳放于合适位置,如图1.28所示,用气门弹簧拆装架托架抵住气门,压紧对正气门弹簧座,然后用力压下手柄,使气门弹簧被压缩。可取下气门弹簧锁销或锁片,慢慢地松抬手柄,即可取出气门弹簧座、气门弹簧和气门等。

使用时应根据气门的位置和形式选取合适的拆装钳(顶置式、侧置式或液力挺柱式)。

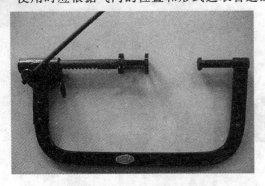
图1.27 气门弹簧拆装架

图1.28 气门弹簧拆装架的使用

3. 火花塞套筒扳手

火花塞套筒扳手是一种薄壁长套筒,用于拆除火花塞的专用工具,如图1.29所示。

火花塞套筒扳手的使用方法:使用前,应根据火花塞六角对边的尺寸,选用内六角对边尺寸与其相同的火花塞套筒。拆卸时,套筒应对正火花塞六角头,套接要妥当,不可歪斜,应逐渐加大扭力,以防滑脱。

4.油封取出装置

油封取出装置用于油封取出,如图1.30所示。使用时将油封取出器置于油封中,旋转使之张开,将油封拉出即可。使用时应注意用力和张开的程度不宜太大,以免损伤油封。

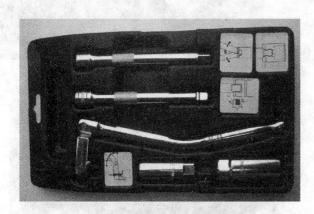

图1.29 火花塞套筒扳手

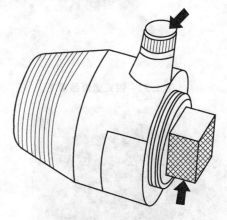

图1.30 油封取出装置

5.机油滤清器扳手

常见的一次性机油滤清器直径都在8 cm以上,顶部被冲压成多棱面(就像一个大螺母)。如要拆装,则需使用专用机油滤清器扳手。

常见的机油滤清器扳手类型很多,结构各异,但作用相同,使用操作方法也基本相似。

(1)杯式滤清器扳手(图1.31)。这种滤清器扳手类同一个大型套筒,拆卸不同车型的滤清器需要不同尺寸的扳手,在购买时多为组套形式配装。

(2)钳式滤清器扳手(图1.32)。这是另外一种滤清器专用扳手,这种滤清器扳手是钳子的改型产品,使用方法同鲤鱼钳。

(3)环形滤清器扳手(图1.33)。其结构为一个可调大小的环形,环形内侧设计为锯齿状。使用时将其套在滤清器顶部的棱面上,扳动手柄,扳手的环形会根据滤清器大小合适地卡在棱面上,顺利地完成拆装工作。

图1.31 杯式滤清器扳手

(4)三爪式滤清器扳手(图1.34)。需配套套筒手柄或扳手使用,其内部设计有行星排传递机构,可根据机油滤清器大小自动调节三爪的大小。

(5)链条扳手。在没有专用滤清器扳手的情况下,还可使用链条扳手替代专用扳手(图1.35),达到拆装的目的。

图1.32 钳式滤清器扳手

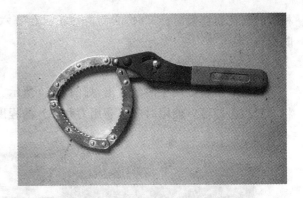

图1.33 环形滤清器扳手

图1.34 三爪式滤清器扳手

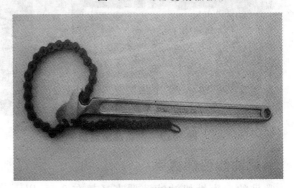

图1.35 链条扳手

任务1.5 正确使用常用量具

在汽车维修作业中,正确地使用测量仪器和量具,是确保测量精度、严格技术标准、提高维修质量的重要保证。汽车维护保养工作中,会使用到一些精密的测量仪器和量具,但不论何种测量仪器和量具,在测量过程中总是会存在测量误差。而误差包括测量仪器和量具的误差(制造和磨损产生的误差)以及测量者本身的误差(因测量者习惯以及视觉因素产生的误差)。因此,在汽车维护保养工作中必须学会选用合适的测量仪器、量具,掌握各种测量仪器及量具的使用方法和操作规范,还要掌握测量仪器和量具的保养方法。

量具的种类很多,汽车维修中常用测量仪器、量具有金属直尺、游标卡尺、千分尺、百分表、万能角度尺、塞尺、螺纹样板和弹簧秤等。

1.5.1 金属直尺

金属直尺是一种最简单的测量长度直接读数的量具,用薄钢板制成,如图1.36所示,常用它粗测工件长度、宽度和厚度。金属直尺的规格分为150 mm、300 mm、500 mm、1 000 mm、1 200 mm等。最常用的是150 mm和300 mm两种。

图1.36 150 mm金属直尺

金属直尺的正确使用：

(1)在测量长度时，金属直尺应与工件平面(或轴线)保持平行，或与其顶面相垂直，否则，将影响测量的精确度。

(2)测量直径时，将金属直尺的尺端齐靠在圆柱边缘固定不动，而钢尺的另一端左右摆动，以通过圆心量出最大数值，即是直径的尺寸。

(3)判断平面是否平直，常用金属直尺或刀口直尺垂直搁在平面上通过透光来检查，从直尺侧面与平面接触处透光的强弱程度来判断平面的平直度，透光面越大，说明该平面不平直。

(4)当尺端磨损或刻线不清时，为使测量尺寸准确，可使工件端面与金属直尺的第二段整数刻线相齐，量出全长减去前面空出的尺寸，即是工件的实际测量尺寸。读数时，视线应与尺垂直，否则将引起测量误差。

(5)金属直尺不适宜测量温度过高的工件，否则不但损坏钢板尺，而且由于材料的热胀冷缩特性会影响工件测量的准确性。

(6)金属直尺必须经常保持良好状态，不能损伤或弯曲，尺的端边和长边相互垂直。

1.5.2 游标卡尺

游标卡尺是一种较精密量具，能较精确地测量工件的长度、宽度、深度及内外圆直径等尺寸。常用的规格有0～125 mm、0～150 mm、0～200 mm、0～300 mm、0～500 mm等。

游标卡尺按其精度可分为0.10 mm、0.05 mm及0.02 mm三种。

(一)游标卡尺的构造

游标卡尺由尺身、游标、外测量爪、刀口内测量爪、深度尺、紧固螺钉等组成，如图1.37所示。

内、外固定测量爪与尺身制成一体，而内、外径活动测量爪和深度尺与游标制成一体，并可在尺身上滑动。尺身上的刻度每格为1 mm，游标上的刻度每格不足1 mm。当内、外测量爪合拢时，尺身与游标上的零线应相重合；在内、外测量爪分开时，尺身与游标上的刻线相对错动。测量时，根据尺身与游标的错动情况，即可在尺身上读出整数毫米，在游标上读出小数毫米。为了使测好的尺寸不致变动，可拧紧紧固螺钉，使游标不再滑动。

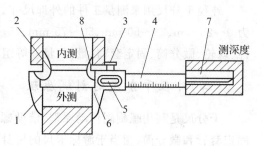

图1.37 游标卡尺
1、2—尺框；3—固定螺钉；4—尺身；5—游标；
6—外测量爪；7—测深尺；8—内测量爪

(二)游标卡尺的正确使用

1.使用方法

(1)测量前应将被测工件表面擦净；游标卡尺测量爪应保持清洁。

(2)测量工件外尺寸时，应先使游标卡尺外测量爪间距略大于被测工件的尺寸，再使工件与尺身外测量爪贴合，然后使游标外测量爪与被测工件表面接触，并找出最小尺寸。测量时要注意外测量爪的两测量面和被测工件表面接触点的连线应与被测工件表面相垂直。

(3)测量工件孔内尺寸时，应使游标卡尺内测量爪的间距略小于工件的被测孔径尺寸。将测量爪沿孔中心线放入。先使尺身内测量爪与孔壁一边贴合，再使游标内测量爪与孔壁另一边接触，找出最大尺寸。同时注意，使内测量爪两测量面和被测工件内孔表面接触点的连线与被测工件内表面垂直。

(4)用游标卡尺的深度尺测量工件深度尺寸时，要使卡尺端面与被测工件的顶端平面贴合，同时保持深度尺与该平面垂直。

2. 注意事项

使用游标卡尺应注意以下事项：

（1）检查零线。使用前应先擦净卡尺，合拢测量爪，检查尺身与游标的零线是否对齐。如未对齐，应记下误差值，以便测量后修正读数。

（2）放正卡尺。测量内外圆时，卡尺应垂直于轴线；测量内圆时，应使两测量爪处于直径处。

（3）用力适当。测量爪与测量面接触时，用力不宜过大，以免测量爪变形和磨损，读数误差大。

（4）视线垂直。读数时视线要对准所读刻线并垂直尺面，否则读数不准。

（5）防止松动。卡尺取出时，应使固定测量爪紧贴工件，轻轻取出，防止活动测量爪移动。

（6）勿测毛面。卡尺属精密量具，不得用来测量毛坯表面。

游标卡尺不能测量旋转中的工件。禁止把游标卡尺的两个测量爪当作扳手或刻线工具使用。

游标卡尺受到损伤后，绝对不允许用锤子、锉刀等工具自行修理，应交专门修理部门修理，经检定合格后才能使用。

1.5.3 千分尺

千分尺俗称螺旋测微器，是比游标卡尺更为精确的一种精密量具，测量精度可达 0.01 mm，按其用途可分为外径千分尺、内径千分尺、深度千分尺和螺纹千分尺等。这里只介绍常用的外径千分尺的构造和使用。

（一）外径千分尺的构造

外径千分尺用来测量工件的外部尺寸。图 1.38(a)所示为外径千分尺的结构图，其测量的范围分为 0～25 mm、25～50 mm、50～75 mm、75～100 mm、100～125 mm 等。它由尺架、锁紧装置、测微螺杆、棘轮、微分筒、固定套筒、量杆、量柱等组成。

（二）外径千分尺的刻线原理

千分尺是利用螺旋副传动原理，借助螺杆与螺纹轴套的精密配合，将回转运动变为直线运动，以固定套管和微分筒（相当于游标卡尺的尺身和游标）所组成的读数机构读得被测工件的尺寸。

固定套管外面有尺寸刻线，上、下刻线每 1 格为 1 mm，相邻刻线间距离为 0.5 mm。测微螺杆后端有精密螺纹，螺距是 0.5 mm，当微分筒旋转一周时，测微螺杆和微分筒一同前进（或后退）0.5 mm，同时，微分筒就遮住（或露出）固定套管上的一条刻线。在微分筒圆锥面上，一周等分成 50 条刻线，当微分筒旋转一格时，即一周的 1/50，测微螺杆就移动 0.01 mm，故千分尺的测量精度为 0.01 mm。

（三）外径千分尺的读数方法

（1）先读固定套管上的毫米和半毫米数。

（2）再看微分筒上的第几条刻线与固定套管的基线对正，即有几个 0.01 mm。

（3）将两个读数相加就是被测量工件的尺寸读数。

外径千分尺的读数举例如图 1.38(b)所示。

（4）千分尺的正确使用。

①测量前，先将测量面擦净，并检查零位。具体检查方法是：用测力装置使测量面与标准棒两端面接触，观察微分筒前端面与固定套管零线、微分筒零线与固定套管基线是否重合。如不重合，应通过附带的专用小扳手转动固定套管来进行调整。图 1.39 所示为千分尺零位的调整方法。

②测量时，左手拿尺架隔热装置，右手旋转微分筒，使千分尺微测螺杆的轴线与工件的中心线垂直或平行，不得歪斜。先用手转动活动套管，当测量面接近工件时，改用测力装置的螺母转动，直到听

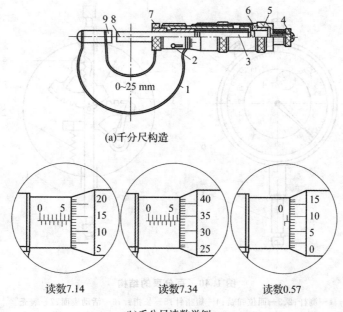

(a)千分尺构造

(b)千分尺读数举例

图1.38 外径千分尺的构造及读数举例
1—尺架;2—锁紧装置;3—测微螺杆;4—棘轮;
5—螺帽;6—微分筒(活动套筒);7—固定套筒;8—量杆;9—量柱

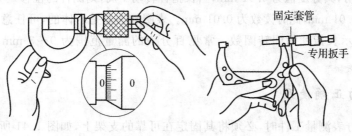

图1.39 千分尺零位的调整

到"咔咔"响声,表示测微螺杆与工件接触力适当,应停止转动,并严禁拧动微分筒,以免用力过度,造成测量不准确。这时千分尺上的读数就是工件的尺寸。为防止一次测量不准,可旋松棘轮,进行多次复查,以求得测量读数的准确性。

③读数要细心,必要时用紧定手柄将测微螺杆固定,取下千分尺读出测量的数值。要特别注意不要读错0.5 mm。

(4)千分尺不准测量毛坯或表面粗糙的工件,不准测量正在旋转发热的工件,以免损伤测量面或得不到正确的读数。

(5)千分尺应经常保持清洁,用后要擦净、涂油,并妥善保管。

1.5.4 百分表

(一)百分表的结构特点

百分表是一种精度较高的齿轮传动式测微量具,结构如图1.40所示。它利用齿轮与齿条传动机构将测杆的直线移动转变为指针的转动,由指针指出测杆的移动距离。因百分表只有一个测量头,所以它只能测出工件的相对数值。百分表主要用来测量机器零件的各种几何形状偏差和表面相互位置偏差(如平面度、垂直度、圆度和跳动量),也可测量工件的长度尺寸,也常用于工件的精密找正。它具有外形尺寸小、质量轻、使用方便等特点。

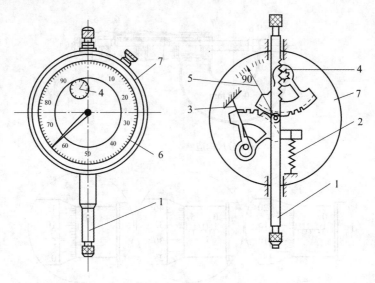

图 1.40 百分表的结构

1—测杆;2、3—回位弹簧;4—短指针;5—长指针;6—活动表面;7—表壳

(二)百分表的工作原理与读数方法

百分表的工作原理是 0.01 mm 直线位移,经过齿条与齿轮传动转变为指针的角位移。百分表的刻度盘圆周刻成 100 等份,其分度值为 0.01 mm,当长指针转动 1 周,则测杆的位移量为 1 mm;长指针转一格,测杆的位移量为 0.01 mm,此时读数为 0.01 mm。表圈和表盘是一体的,可任意转动,以便使指针对零位。短指针用以指示长指针的回转圈数。常见百分表的测量范围为 0~3 mm、0~5 mm 和 0~10 mm 等。

(三)百分表的正确使用

(1)使用磁座百分表测量工件时,必须将其固定在可靠的支架上,如图 1.41 所示。

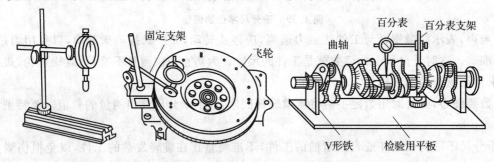

图 1.41 百分表架及百分表的使用

(2)百分表的夹装要牢固,夹紧力适当,不宜过大,以免装夹套筒变形,卡住测杆。

(3)夹装后检查测杆是否灵活,夹紧后不可再转动百分表。

(4)测量时,测杆与被测工件表面必须垂直,否则会产生测量误差。百分表的正确位置如图 1.42 所示。

(5)依被测工件表面的不同形状选用相应形状的测头。如用平测头测量球面工件,用球面测头测量圆柱形或平面工件,用尖测头或曲率半径很小的球面测头测量凹面或形状复杂的表面。

(6)测量时,应轻提测杆,缓慢放下,使量杆端部的触头抵在被测零件的测量面上,并要有一定的压缩量,以保持触头有一定的压力,再转动刻度盘,使指针对准零位。测量时,应注意不使测头移动距离过大,不准将工件强行推至触头下,也不准急速放下测杆,使触头突然落到零件表面上,否则将造成测量误差,甚至损坏百分表。

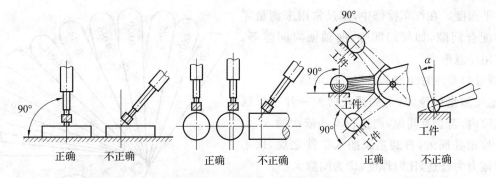

图 1.42　百分表的正确位置

(7)测量时,使被测量的零件按一定要求移动或转动,从刻度盘指针的变化,直接观察被测零件的偏差尺寸,即可测量出零件的平整程度或平行度、垂直度或轴的弯曲度及轴颈磨折程度等。

(8)使用中应注意百分表与支架在表座上安装的稳固性,以免造成倾斜或摆动现象。

(9)对于磁性表座,一定要注意检查按钮的位置,测杆与触头不应粘有油污,否则会降低其灵敏性;使用后,应将百分表从支架上拆下,擦拭干净,然后涂油装入盒中,并妥善保管。

1.5.5　内径百分表

内径百分表俗称量缸表,是一种用于测量孔径的比较性专用工具。在发动机拆装与检修中主要用来测量汽缸和轴承座孔的圆度误差、圆柱度误差或零件的磨损情况,也可以用来测量工件上孔的尺寸精度和形状精度。

图 1.43 所示为配备杠杆传动系统的内径百分表,它的上部是百分表,下部是量杆装置,上、下部有联动关系。测量时,被测孔的尺寸偏差借活动测头的位移,通过杠杆和传动杆传递给百分表。因传动系统的传动比为 1,因此,测头所移动的距离与百分表的指示值相等。为了测量不同直径的汽缸,应备有长短不同的固定量杆,并在各量杆上标有测量范围,以便于选用。量缸表的规格是按测量直径的范围来划分的,如 18～35 mm、35～50 mm、50～160 mm 等。汽车维修作业中常用规格为 50～160 mm。

内径百分表的正确使用:

(1)用量缸表测量缸径时,先根据缸径选用合适的固定量杆,将量缸表放入汽缸上部。如果表针能转动一圈左右,则为调整适宜,然后将量杆上的固定螺母锁紧。

(2)测量缸径时,量杆必须与汽缸轴线垂直,读数才能准确。为此,测量时可稍稍摆动量缸表,当指针指示到最小数值(图1.43 中的中间位置)时,即表明量杆已垂直于汽缸轴线,记下该处数值(注意:长指针和短指针都要记),然后用外径千分尺测量此位置的读数值即为缸径值。

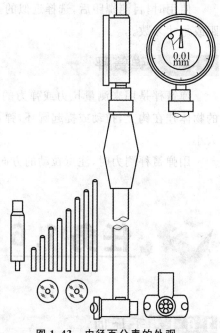

图 1.43　内径百分表的外观

1.5.6　塞尺

塞尺俗称厚薄规或测隙片,一般是成套供应的,外形如图 1.44 所示。塞尺由不同厚度的金属薄片组成,每个薄片有两个相互平行的平面,并有较准确的厚度。塞尺的规格以长度和每组片数来表示。其长度制成 50 mm、100 mm、200 mm、300 mm,每组片数有 11～17 等。

塞尺主要用于检查两平面或接合面之间的间隙大小,塞尺与平尺及等高垫块结合使用,可检验平

台台面的平面度。在汽车检修中,塞尺常用来测量零件之间的配合间隙,如气门间隙、曲轴轴向间隙等。塞尺的使用注意事项:

(1)测量时要注意工件和塞尺片的清洁。

(2)塞尺测量间隙时,应先用较薄的一片塞尺插入被测间隙内,若仍有间隙,则选较厚的依次插入,也可取若干片相叠插入,直到塞尺插入工件之后,以手感到有摩擦力为合适,比时厚度,即为间隙大小。

(3)塞尺的间隙片很薄,容易弯曲和折断,测量时不能用力太大。

(4)不能用塞尺测量温度较高的工件。

(5)用完塞尺后要擦拭干净,及时合到夹板(保护片)中去。

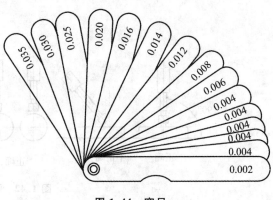

图1.44 塞尺

1.5.7 螺纹样板

螺纹样板俗称螺距规、螺纹规,有公制和英制两种。公制螺纹样板用来测量螺距;英制螺纹样板用来测量每寸牙数。它们一般是成套供应的,公制上注60°和螺距数字,英制上注有55°和每寸牙数,以区分公、英制和螺纹的牙形角。公制的螺纹样板一套由20片组成,它的螺距有如下20种:0.4 mm、0.45 mm、0.5 mm、0.6 mm、0.7 mm、0.75 mm、0.8 mm、1 mm、1.25 mm、1.5 mm、1.75 mm、2 mm、2.5 mm、3 mm、3.5 mm、4 mm、4.5 mm、5 mm、5.5 mm和6 mm。

使用时,目测螺距后,选择近似的一片与螺纹吻合,如果吻合严密,则该片上的数字即为所测的螺距或每寸牙数。

1.5.8 弹簧秤

弹簧秤是用来测量拉力或弹力的,其外壳的正面刻有量度单位,单位为N或kg。使用时把要测的物体挂在钩上,拉动或提起圆环,弹簧就伸长,固定在弹簧上的指针也跟着移动,即可得出测得力的大小。

用弹簧秤测力时,注意拉动的方向要和所测力的方向一致。

任务1.6 正确操作常用举升设备

1.6.1 千斤顶

千斤顶是一种最常用、最简单的起重工具,按照其工作原理分为液压式和机械式两种,两种千斤顶都有体积小、质量轻的优点。液压式千斤顶省力,但对工作环境有一定要求。在高温、低温环境下,螺旋千斤顶有更大的优越性,其举升高度易满足工作的需要,维护较简单。目前广泛使用的是液压式千斤顶。按照所能顶起的质量,千斤顶可分为3 t、5 t、8 t、10 t、15 t、20 t等不同规格。

(一)机械式千斤顶

机械式千斤顶(图1.45)由于起重量小、操作费力,只用于一般机械维修工作。机械式千斤顶常用的有立式和桥式两种。立式千斤顶采用棘轮提升汽车,由于较为笨重,适合于车间内使用,常用规格为3 t和5 t。桥式千斤顶采用螺杆转动带动杆系形变的原理来举升车辆,其举升重量较小,但轻巧方便,较适合轿车的检修。

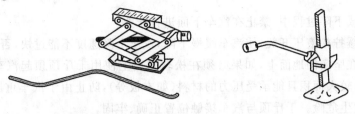

图1.45 机械式千斤顶

(二)立式液压千斤顶

立式液压千斤顶(图1.46)结构紧凑,工作平稳,有自锁作用,故使用广泛。其缺点是起重高度有限,起升速度慢。按照所能顶起的质量可分为3 t、5 t、10 t等不同规格。

(三)卧式液压千斤顶

卧式液压千斤顶行程较长,尺寸较大,不宜随车携带,但使用更方便,是汽车维修企业常用的设备,如图1.47所示。

图1.46 立式液压千斤顶

图1.47 卧式液压千斤顶

1.千斤顶的正确使用

顶起汽车前,应把千斤顶顶面擦拭干净,拧紧压力开关,把千斤顶放置在被顶部位的下部,且使千斤顶与被顶部位间相互垂直,以防千斤顶滑出而造成事故。

用千斤顶顶车时,应注意千斤顶顶车的部位,严格按各种车型各自的要求进行,如图1.48所示。

(1)旋转顶面螺杆,改变千斤顶顶面与被顶部位的原始距离,使起顶高度符合汽车需顶高度。

(2)用三角形垫木,将汽车着地车轮前后塞住,防止汽车在起顶过程中发生滑溜事故。

(3)用手上、下压动千斤顶手柄,被顶汽车逐渐升到一定高度,在车架下放入安全支架。

(4)慢慢拧松液压开关,使汽车缓缓平稳地下降,架稳在安全支架上。

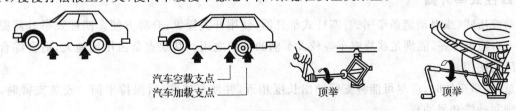

图1.48 机械式千斤顶顶车方法

2.千斤顶安全使用与保养注意事项

(1)使用千斤顶,要弄清其额定的承载能力,千斤顶的顶举能力一定要大于或等于重物的质量,否则易发生危险。

(2)汽车在起顶或下降过程中,禁止在汽车下面进行作业。

(3)下降时应缓缓拧松液压开关,使汽车缓慢下降,汽车下降速度不能过快,否则易发生事故。

(4)千斤顶要放在坚实的地面上,如果必须在松软路面上使用千斤顶顶起汽车作业时,应在千斤顶底座下加垫一块有较大面积且能承受压力的材料(如木板等),防止由于汽车重压工作时,场地基础下沉或千斤顶歪斜发生危险。千斤顶与汽车接触位置正确、牢固。

(5)千斤顶把汽车顶起后,当液压开关处于拧紧状态时,若发生自动下降故障,则应立即查找原因,及时排除故障后方可继续使用。

(6)千斤顶遇到操作力过大时,应检查原因,不要强行施力,更不允许接长操纵手柄来操作,这样容易使千斤顶超载。

(7)如果顶举坚硬物体,在物体与千斤顶之间应垫防滑的垫料。

(8)要求用几台千斤顶同时顶举一件较大而且重的物体时,必须核准各个千斤顶可能承受的最大载荷,同时应保证千斤顶同步起升或下降。

(9)液压千斤顶不能长时间支承重物,因为时间一长,千斤顶泄漏会使重物坠落。需要较长时间支承重物时,应在重物下面垫以安全支架,这样,万一千斤顶有泄漏,也可保证安全。

(10)如发现千斤顶缺油时,应及时补充规定油液,不能用其他油液或水代替。

(11)千斤顶必须垂直放置,以免因油液渗漏而失效。

(12)千斤顶不能用火烘热,以防皮碗、皮圈损坏。

(13)维护与保养螺旋千斤顶应经常在螺纹加工面上涂防锈油脂。液压千斤顶应根据制造厂的要求灌注合适的、足量的工作介质,根据使用情况每隔半年至一年清洗一次,滤清杂质。

(14)千斤顶存放时,应将滑塞杆或螺柱、齿条降到最低位置,加工面涂上防锈油,并放在干燥处,以防生锈。发现千斤顶零件有裂纹时应停止使用。

1.6.2 举升器

(一)结构与种类

举升器主要有双柱式、四柱式、龙门式等类型,一般采用电动液压操纵系统驱动,设有双保险自锁保护装置,具有升降平稳、安全可靠、使用方便等特点。

1.双柱式举升器

图1.49所示为电动液压式(或电动链条牵引式)双柱举升器,使用开关操纵,升降方便。立柱为固定式,适合对3 t以下的轿车、轻型车的专业维修之用。双柱举升器支起汽车时的支点位置如图1.50所示。

2.四柱式举升器

电动液压式(或电动链条牵引式)四柱式举升器,使用开关操纵,升降方便。四柱式举升器提升质量可达8 t,稳定性好,能满足载货汽车等较大车辆的维护之用。其缺点是占用场地大,适合综合性汽车修理厂的使用。

注意,顶举车体时,应尽可能将支臂伸出长度相近,并使车体前、后保持平衡。安装支臂时,小心不要碰到制动管和燃油管。

图1.49 电动液压式双柱举升器

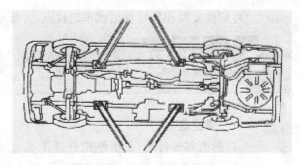
图1.50 双柱举升器支起车辆支点位置

(二)注意事项

(1)车辆的总质量不能大于举升器的起升能力。

(2)根据车型和停车位置的不同,尽量使汽车的重心与举升器的重心相接近,严防偏重。为打开车门,汽车与立柱间应留有一定的距离。

(3)转动、伸缩、调整举升臂至汽车底盘指定位置,并接触牢靠。

(4)汽车举高前,操作人员应检查汽车周围人员的动向,防止发生意外。

(5)汽车举升时,要在汽车离开地面较低位置进行反复升降,无异常现象时方可举升至所需高度。

(6)汽车举升后,应落槽于棘牙之上,并立即进行锁紧。

(三)举升机整车举升作业

(1)整车举升作业的准备工作。

①清洗并去除汽车外部的泥沙与油污。

②整车举升机作业区内应无障碍物、油污、废料、垃圾等杂物。

③检查举升机的工作状态,如发现提升后缓慢地自行下降、不用时缓慢地自行上升、使用中缓慢地自行上升、下降非常缓慢、排泄管中喷润滑油、密封垫处有渗漏等异常应立即检修。

④汽车进入举升机前,应放好定位支架和杆臂,并使之处于最低位置,从而方便汽车自由进出。

⑤检查待举升汽车的质量,应在举升机铭牌上限定载荷的范围内,切勿超载举升。

⑥汽车进入举升机前应关好车门、发动机盖和行李箱盖,车内不得有人。

(2)将汽车驶入举升机,至合适位置定位。

(3)按汽车使用说明书上介绍的支承点,设置举升器上的定位支架和杆臂,以保证定位点在汽车上正确就位。在定位点未确定稳妥前绝对不能举升汽车。

(4)在举升机与汽车定位检查稳妥后,将汽车顶离地面,在车辆离地面约5 cm时,摇晃汽车,查看有无窜动迹象,如汽车在举升器上定位不牢或听到不正常声音,应把汽车降落,重新设置定位。

(5)操纵举升机举升汽车至所需高度。汽车举升时,要在汽车离开地面较低位置进行反复升降,无异常现象时,方可操纵举升机举升汽车。在汽车举升到预期高度后,锁止举升器。只有确认举升机处于锁止状态,才可进入车下工作。

(6)在规定部位加设安全支架。汽车在进行部件的拆装作业时可能会引起汽车重心漂移,导致汽车的定位不稳定,甚至坠落,所以在进行汽车拆卸作业时应参照汽车制造厂的维修说明书规定程序进行,必要时加设安全支架。

(7)完成拆装与检修作业后,从车下移开工具箱(架)、安全支架等。

(8)依照举升机使用说明书,松开锁止装置,操纵举升机缓缓下降,并使举升机定位支架和杆臂降至最低点。

(9)将定位支架和杆臂移出汽车定位点,并保证汽车能自由进出,然后将汽车驶出举升作业区。

课后练习

一、填空题

1. 拆装零部件时,必须使用合适工具或专用工具,不得大力蛮干,不得用_____或_____直接敲击零件。所有零件拆卸后要按顺序摆放整齐,不得随地_____。

2. 接到维修工单必须仔细阅读_____、_____,如在给定的时间内不能完成维修项目,应及时和服务顾问沟通,以防客户抱怨。

3. 丰田5S管理理念指_____、_____、_____、_____和_____五个项目,因日语罗马拼音均以"S"开头,简称5S。

4. 游标卡尺是一种较精密量具,能较精确地测量工件的_____、_____、_____及_____等尺寸。

5. 千分尺俗称_____,是比游标卡尺更为精确的一种精密量具,测量精度可达_____mm,按其用途可分为_____、_____、_____和_____等。

6. 内径百分表俗称_____,是一种用于测量_____的比较性专用工具。在发动机拆装与检修中主要用来测量_____情况,也可以用来测量工件上孔的_____和_____。

7. 塞尺主要用于检查_____或_____之间的_____大小,塞尺与平尺及等高垫块结合使用,可检验平台台面的_____。

8. 螺纹样板俗称_____、_____,有公制和英制两种。公制螺纹样板用来测量_____。

9. 千斤顶是一种最常用、最简单的起重工具,按照其工作原理分为_____和_____两类。

10. 举升器主要有_____、_____、_____等类型,一般采用电动液压操纵系统驱动,设有双保险自锁保护装置,具有升降平稳、安全可靠、使用方便等特点。

二、简答题

1. 汽车维护与保养操作规范的内容有哪些?
2. 5S的具体要求有哪些?
3. 维护与保养作业自身安全要求有哪些?
4. 维护与保养作业操作安全要求有哪些?
5. 如何使用活塞环拆装钳?
6. 简述如何正确使用游标卡尺及注意事项。
7. 如何使用百分表?
8. 如何正确操作举升设备?

模块 2

汽车发动机的维护与保养

【知识目标】

1. 了解发动机的组成部分。
2. 能描述汽车发动机维护的内容与意义。
3. 能描述汽车发动机维护作业的工艺流程及技术要求。

【技能目标】

能独立进行发动机各系统的维护与保养。

【课时计划】

任务	任务内容	参考课时		
		理论课时	实训课时	合计
1	曲柄连杆机构与配气机构的维护与保养	2	4	6
2	润滑系的维护与保养	1	2	3
3	冷却系的维护与保养	1	2	3
4	进、排系统的维护与保养	1	2	3
5	供油系的维护与保养	1	2	3

共计:18 课时

> **情境导入**
>
> 　　一辆桑塔纳轿车在行驶途中，突然感觉发动机断断续续存在异响，由于声音不大，车主想办完事后再去修理厂处理，结果在一个加速上坡路段时发动机突然熄火，车主还仿佛听到了金属撞击的声音，车主马上致电修理厂拖车处理。经汽车发动机解体检测，发现正时皮带断裂，张紧轮卡滞，有多个气门因活塞撞击损坏，且脱落到缸内。经查，该车已行驶80 000 km左右，一直未更换正时皮带及张紧轮。在60 000 km时，修理厂已建议车主更换，车主认为汽车技术状况良好，不同意更换，一直行驶至本次事故发生。
>
> 　　实际上，更换本汽车的正时皮带及张紧轮费用并不高，但因事故要大修发动机，还要更换所有气门，费用昂贵。更换正时皮带及张紧轮是汽车发动机定期维护（二级维护）的内容，说明书上有明文规定。汽车维修专业技术人员有责任向车主陈述汽车定期维护的意义与重要性，以防止类似事故发生。

任务2.1　曲柄连杆机构与配气机构的维护与保养

　　曲柄连杆机构相当于汽车的心脏，它直接决定了发动机的动力性能是否强劲。合理的维护保养并不能阻止而只能减小所有运动摩擦部件的磨损速度，延长其使用寿命。

2.1.1　汽缸压力的检测

　　汽缸的密封性是发动机性能的主要标志之一，汽缸密封性的好坏直接关系到发动机的动力性、经济性和排放达标性。汽缸密封性主要由气门与气门座圈的密封性和活塞、活塞环、汽缸的密封性决定，无论哪方面密封性变差，都会引起汽缸的密封性能降低。

　　对同一台发动机而言，除了要求各汽缸的汽缸压力在规定的范围值之内外，同时，各汽缸的汽缸压力差不大于5%。若各汽缸的压力差值过大，则会影响发动机曲柄连杆机构的动平衡，从而使发动机在运行过程中出现不平稳现象，特别是怠速运行时发动机抖动明显。

(一)汽缸压力检测步骤

（1）预热发动机，达到正常的工作温度后熄火。

（2）准备好相应量程的汽缸压力表，拆下发动机上的所有火花塞，断开喷油器供电插头，如图2.1所示。

（3）测量由两人合作完成。一人将汽缸压力表用力按在汽缸盖上的火花塞安装处，并且保证压力表测头与火花塞安装口有良好的密封；另一人坐在驾驶室内，将油门踏到底，保持节气门全开，用启动机带动发动机运转，汽缸压力表上的读数即为该汽缸的汽缸压力。用同样的方法测出各缸的汽缸压力，如图2.2所示。

(二)测试结果分析

（1）要求各汽缸的汽缸压力在该型号发动机维修资料的规定范围内，且各汽缸的压力差不大于5%。现代汽油机的标准汽缸压力一般为1.0～1.3 MPa。

图 2.1　汽缸密封性检验准备工作

图 2.2　汽缸压力的测试

(2)若某一汽缸压力较低,应在该汽缸中加入约 20 mL 机油,重新测量汽缸压力,若汽缸压力明显提升,说明汽缸压力不足是由活塞、活塞环、汽缸的密封性不良引起的;若汽缸压力没有明显升高,说明汽缸压力不足是由气门与气门座圈密封性不良引起的。

(3)重新调整气门间隙,确认汽缸密封性不良是否由气门间隙调整不当引起。

(三)注意事项

(1)测试柴油机汽缸压力时,要选择相应量程的柴油机汽缸压力表,一般柴油机汽缸压力为 1.7~2.2 MPa。

(2)发动机转速对测试结果影响较大,应保持蓄电池和启动机处于良好的工作状态。

2.1.2　曲轴箱通风 PCV 阀的维护

强制式曲轴箱通风系统又称 PCV 系统。在发动机工作时,会有部分可燃混合气和燃烧产物经活塞环由汽缸窜入曲轴箱内。当发动机在低温下运行时,还可能有液态燃油漏入曲轴箱。这些物质如不及时清除,将加速机油变质并使机件受到腐蚀或锈蚀。又因为窜入曲轴箱内的气体中含有 HC 及其他污染物,所以不允许把这种气体排放到大气中。现代汽车发动机所采用的强制式曲轴箱通风系统就是防止曲轴箱内的气体排放到大气中的净化装置。

(一)曲轴箱产生废气的原因和危害

(1)原因。

发动机在工作时,不论活塞、活塞环、汽缸壁的密封性良好与否,都有部分气体通过它们之间的缝隙进入曲轴箱,在曲轴箱内产生压力,影响发动机的正常工作。

(2)危害。

大量的气体在曲轴箱内产生压力,不但减小发动机做功压力,影响动力输出,同时还会引起发动机机油渗漏。该气体含有大量的 HC 和其他污染物,会稀释机油,引起机油变质,若直接排入大气中,还会引起燃料浪费和环境污染,因此,必须对该气体进行适当处理。

(二)曲轴箱内废气排出的方法

(1)自然通风法。

在曲轴箱壁上连接通风孔,直接将曲轴箱内的废气排出到大气中,保持曲轴箱内外气压平衡。这种方法不仅浪费燃料,同时也对大气造成了严重污染,因此现代汽车上几乎不使用这种方法。

(2)强制循环通风法(PCV 系统)。

通过 PCV 阀,将曲轴箱内的废气吸入进气系统,进入汽缸燃烧掉,同时将新鲜的空气引入曲轴箱,防止曲轴箱内的气体排放到大气中,造成空气污染和燃料浪费,如图 2.3 所示。

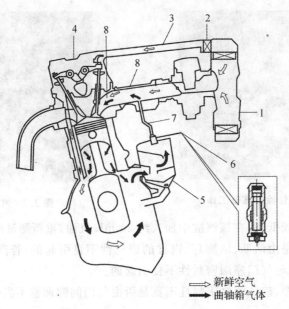

图 2.3 曲轴箱的强制循环通风法

1—空气滤清器；2—滤网；3—空气软管；4—汽缸盖罩；5—气、液分离器；6—PCV 阀；
7—曲轴箱气体软管；8—进气管

(三)PCV 阀的清洗和通风管路的维护与保养

1. PCV 阀的清洗和通风管路的检查

(1)拆下 PCV 阀，用化油器清洗剂清洗干净，如图 2.4 所示。

(2)检查曲轴箱通风软管，不得有泄漏和破损，否则应更换，检查软管接头，保证其连接牢固，如图 2.5 所示。

图 2.4 PCV 阀的清洗

图 2.5 曲轴箱通风软管的检查

2. PCV 阀工作性能的检验

(1)连接好曲轴箱通风系统，拔下机油尺，将真空压力表接于机油尺接口处。

(2)启动发动机，保持发动机中速运转，通过真空表的指示来判断 PCV 阀的工作性能，如图 2.6 所示。

3. 测试结果分析

(1)发动机正常运转时，若真空表为负压，就说明 PCV 阀工作性能良好，测试结果如图 2.7 所示。

(2)发动机正常运转时，若真空表压力不为负压，就说明 PCV 阀工作性能不良，应对该阀性能进一步检查，并检查通风软管与空气滤清器通风装置的连接状况。

图 2.6 用真空表来判断 PCV 阀的工作性能　　　图 2.7 PCV 阀正常工作时的真空度

（四）PCV 阀技术标准及要求

(1) 当发动机怠速或低速运转时，通过 PCV 阀进入进气歧管的曲轴箱废气较少。

(2) 当发动机中速或高速运转时，通过 PCV 阀进入进气歧管的曲轴箱废气随节气门的开度逐渐增多。

(3) 当发动机工作时，PCV 阀始终使曲轴箱内保持较小的负压。

2.1.3　正时齿形带的检查与更换

（一）正时齿形带的主要作用

正时齿形带连接曲轴正时齿轮和凸轮轴正时齿轮，传递曲轴动力，带动凸轮轴同步转动，确保发动机具有正确的配气正时和点火正时。

（二）正时齿形带的损伤及其危害

随着使用时间的增长，正时齿形带逐渐变长、变松，并出现裂纹、掉齿、齿部脱开及齿带侧面磨损等现象。

正时齿形带的松动或掉齿，都会引起发动机配气正时和点火正时发生变化，使发动机工作不正常，严重时引起活塞连杆组与配气机构的运动干涉，使发动机遭到严重损坏。因此，要按不同车型规定的保养周期，检查、预紧或更换正时齿形带。

（三）正时齿形带的维护

1. 正时齿形带的检查与预紧度调整

(1) 拆下齿形带保护盖。

(2) 观察齿形带，判断是否有齿形带裂纹、掉齿、齿部脱开或有裂纹及齿带侧面磨损等现象，如图 2.8 所示，如出现上述情况，都应该更换齿形带。

(a) 齿带背面有裂纹　　(b) 掉齿或齿根断裂　　(c) 齿部脱开或有裂纹　　(d) 齿带侧面磨损

图 2.8　齿形带的检验

(3) 齿形带的预紧度调整。用拇指和食指捏住凸轮轴齿轮和中间轴齿轮之间的齿形带的中间位置，以刚好转动 90° 为适宜，否则应进行预紧度调整，如图 2.9 所示。

(4) 固定好调整锁紧装置，然后把齿形带保护盖上好。

2. 正时齿形带的更换

(1) 拆下齿形带保护盖。

(2) 找到第一缸压缩上止点记号和凸轮轴配气正时记号。

(3) 松开齿形带预紧力装置，取下旧的齿形带。

(4) 换上新齿形带，并且按标准调整好齿形带预紧度。

(5) 固定好调整锁紧装置，然后把齿形带保护盖上好。

3. 注意事项

按照各种车型维修手册的要求，不管齿形带状况如何，只要达到更换齿形带的里程标准，就必须更换齿形带。

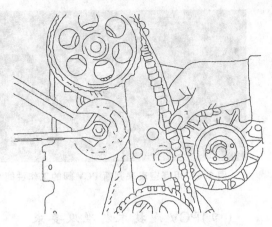

图 2.9　齿形带预紧度的调整

任务 2.2　润滑系的维护与保养

2.2.1 机油数量与质量的检查

机油所处的工作环境在高温、高压和腐蚀性气体中，所以机油在使用一定的时间或里程数时，会发生变质，数量也会减少。我们要经常对机油数量和质量进行检查并及时更换，以利于延长发动机的使用寿命。

(一) 机油的作用

(1) 润滑作用。润滑运动零件表面，减小摩擦阻力和磨损，减小发动机的功率消耗。

(2) 清洗作用。机油在润滑系内不断循环，清洗摩擦表面，带走磨屑和其他异物。

(3) 冷却作用。机油在润滑系内循环带走摩擦产生的热量，起到冷却作用。

(4) 密封作用。在运动零件之间形成油膜，以提高它们的密封性，有利于防止漏气或漏油。

(5) 防锈蚀作用。在零件表面形成油膜，对零件表面起保护作用，防止腐蚀生锈。

(6) 液压作用。润滑油可用作液压油，起液压作用，如液压挺柱等。

(6) 减震缓冲作用。在运动零件表面形成油膜，吸收冲击并减小震动，起减震缓冲作用。

(二) 机油的分类

在机油的外包装上，都经常会看到 SAE 和 API。其中 SAE 是美国汽车工程协会的简称，SAE 后边的标号标明机油的黏度级别，而 API 后边的标号则标明机油的质量级别。

按 SAE 润滑油黏度分类的冬季用油牌号分别为：0W、5W、10W、15W、20W、25W，符号 W 代表冬季，W 前的数字越小，其低温黏度越小，低温流动性越好，适用的最低气温越低。

按 SAE 润滑油黏度分类的夏季用油牌号分别为：20、30、40、50，数字越大，其黏度越大，适用的最高气温越高。

按 SAE 润滑油黏度分类的冬、夏通用油牌号分别为：5W/20、5W/30、5W/40、5W/50、10W/20、10W/30、10W/40、10W/50、15W/20、15W/30、15W/40、15W/50、20W/20、20W/30、20W/40、

20W/50,代表冬季用部分的数字越小(适用最低气温越低),代表夏季部分的数字越大(适用的最高气温越大),适用的气温范围越大。

API(American Petroleum Institute)是美国石油学会的英文缩写,API 等级代表发动机油质量的等级。它采用简单的代码来描述发动机机油的工作能力。

API 发动机油分为两类:"S"开头系列代表汽油发动机用油,规格有:API SA、SB、SC、SD、SE、SF、SG、SH、SJ、SL、SM、SN;"C"开头系列代表柴油发动机用油,规格有:API CA、CB、CC、CD、CE、CF、CF-2、CF-4、CG-4、CH-4、CI-4。当"S"和"C"两个字母同时存在,则表示此机油为汽柴通用型。

在 S 或 C 后面的字母表示的意义是:从"SA"一直到"SM",每递增一个字母,机油的性能都会优于前一种,机油中会含有更多用来保护发动机的添加剂。字母越靠后,质量等级越高,国际品牌中机油级别多是 SF 级别以上的。例如,壳牌非凡喜力机油(Shell Helix Plus)是 API SM 级,而壳牌红色喜力机油(Shell Helix Red Motor Oil)则是 API SG 级,这说明非凡喜力的质量等级要高于红喜力。

(三)机油数量的检查

1. 机油消耗异常现象、原因及诊断方法

(1)现象。

①机油消耗量超过规定值。

②尾气冒蓝烟。

③积炭增多。

(2)原因。

①发动机润滑系各部件表面漏油。

②活塞与汽缸间隙大。

③气门油封损坏。

④废气涡轮增压器轴承损坏。

⑤曲轴箱通风不良。

(3)诊断。

①检查发动机各表面是否有漏油现象。

②检测缸压,判断汽缸磨损情况。

③检查气门油封、废气涡轮增压器轴承、曲轴箱通风装置是否损坏。

2. 机油数量检查的步骤

(1)确保车辆停在平稳的路面上,提高油位检测的准确度。

(2)熄灭发动机,等 5～10 min,让一些停留在发动机上部的机油有充分的时间流入油底壳。

(3)取出机油尺,用干净的棉布擦干净,如图 2.10 所示,再将机油尺重新插入发动机机油尺孔中,静等几秒,让机油能完全黏附在机油尺上。

(4)取出机油尺,观察机油尺上的机油痕迹最高处位置是否在规定范围内。每种车型都有自己不同的位置刻度标准,一般机油尺上有一段"麻区"B,如图 2.11 所示,机油尺上的痕迹超出"麻区"A 部分则说明机油过多,需要放掉一些机油,一直到规定位置为止;反之,如果未到"麻区"C 部分,则需要进行更换机油,避免机油过少,使发动机得不到应有的保护。

图 2.10 取出机油尺

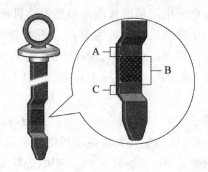

图 2.11 机油尺

(四)机油质量的检查

1. 机油变质现象、原因

(1)现象。

①颜色发生明显变化,失去黏性。

②含有水分,机油乳化,呈乳浊状,并有泡沫。

(2)原因。

①活塞环漏气。

②机油老化变质。

③机油滤清器堵塞失去滤清作用(使旁通阀打开)。

④曲轴箱通风不良。

⑤缸体或缸垫漏水。

2. 机油变质检查方法

(1)先观察其透明度,色泽通透,略带杂质,说明还可以继续使用;若色泽发黑,闻起来带有酸味,应更换机油。

(2)检查其黏稠度,沾一点机油在手上,用两手指检查机油是否还具有黏性,如果在手指中没有一点黏性,像水一样的时候,说明机油已达到使用极限,需要更换,以确保发动机的正常运作。

2.2.2 机油及机油滤清器更换

发动机在工作过程中,金属磨屑、尘土、高温下被氧化的积炭和胶状沉淀物、水等不断混入润滑油。机油滤清器的作用就是滤掉这些机械杂质和胶质,保持润滑油的清洁,延长其使用期限。机油滤清器应具有滤清能力强、流通阻力小、使用寿命长等性能。一般润滑系中装用几个不同滤清能力的滤清器——集滤器、粗滤器和细滤器,分别并联或串联在主油道中(与主油道串联的称为全流式滤清器,发动机工作时润滑油全部经滤清器滤清;与之并联的称为分流式滤清器)。其中粗滤器串联在主油道中,为全流式;细滤器并联在主油道中,为分流式。现代轿车发动机上普遍只设有集滤器和一个全流式机油滤清器。粗滤器滤除机油中粒径为 0.05 mm 以上的杂质,细滤器则用来滤除粒径为 0.001 mm 以上的细小杂质。

机油和机油滤清器的更换步骤如下:

(1)更换机油前,应启动发动机运转达到正常的工作温度 80 ℃ 以上,然后将发动机熄火。

(2)打开发动机盖,取下加油口盖。

(3)把汽车举起,将油盆放到发动机油底壳的放油螺塞处,卸下放油螺塞,放掉机油(有条件的可以用真空换油设备抽取)。

(4)用滤清器扳手拆卸滤清器,操作时注意不要让机油流淌,如图2.12所示,以免弄脏发动机和操作的环境。用棉布擦净机油滤清器安装位置,如图2.13所示。

(5)准备好同样的滤芯,先在滤芯的O形圈上涂抹一层机油,如图2.14所示,用手将滤芯拧到拧不动为止。用滤清器扳手以13 N·m左右力矩拧紧(不可用力过大,会损坏O形圈)。

(6)待机油放净后,应将放油塞吸附上的铁屑清除干净后拧上(放油塞的垫片别忘记装上),如图2.15所示,力矩约为25 N·m。

(7)降下车辆,加注机油,并检查机油量,盖好加油口盖。

(8)启动发动机,加油门稳定转速在2 000 r/min,2 min后熄火。

(9)举起车辆,检查放油塞处和机油滤芯器处是否有泄漏。

(10)放下车辆,再次检查油量。如有需要,则可以适当添加或放掉。

(11)盖好发动机盖,交车。

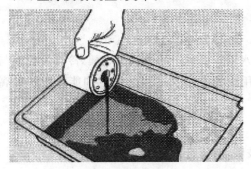

图2.12 拆下滤清器将机油倒入盆中

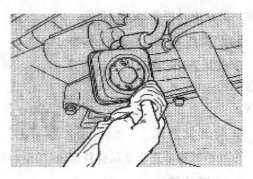

图2.13 用棉布擦净机油滤清器安装位置

图2.14 在滤芯的O形圈上涂抹一层机油

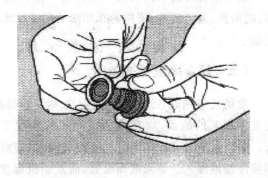

图2.15 装放油塞的垫片

任务2.3 冷却系的维护与保养

2.3.1 冷却液的检测与更换

冷却系的功用是将受热零件吸收的部分热量及时散发出去,保证发动机在最适宜的温度状态下工作。发动机的冷却必须适度,若发动机冷却不足,会使汽缸充气量不足并出现早燃和爆燃等燃烧不正常的现象,发动机功率将下降,且发动机零件也会因润滑不良而加速磨损。但若冷却过度,一方面由于热量散失过多,使转变成有用功的热量减少,另一方面由于混呼气与冷缸壁接触,使其中原已汽化的燃油又凝结并流到曲轴箱内,不仅增加了燃油消耗,且使机油变稀影响润滑,结果也将使发动机功率下降,磨损加剧。因此,冷却系的任务就是使工作中的发动机得到适度的冷却,从而保持在最适宜的温度范围内工作。

(一)冷却液的功能

1. 防冻功能

水的冰点是0 ℃,冷却液的冰点可达-25~60 ℃。在寒冬季节停车时,能防止冷却液结冰而胀裂散热器和冻坏发动机汽缸体,同时也保证随时可以启动发动机。

2. 防沸功能

冷却液的沸点比水高。在标准大气压下,水的沸点是100 ℃,而冷却液的沸点要高于106 ℃,可有效地防止发动机的"开锅"现象。

3. 防腐蚀功能

由于发动机的冷却系中包括钢、铝合金、铸铁、铜及水箱焊接时用的焊锡等金属,冷却液长期与这些金属相接触,必须能够对所有这些金属进行保护,使用去离子水及适当的添加剂能防止各种腐蚀出现。

4. 防老化功能

冷却液能够防止非金属材料如橡胶、塑料的溶解、鼓胀、老化等。

5. 防垢功能

水垢是在冷却系内表面上附着有不溶性盐类或氧化物晶体所致。产生水垢的主要物质是硫酸钙、碳酸钙、碳酸镁等,优质的冷却液采用蒸馏水制造,并加有防垢添加剂,不但不生水垢,还具有除垢功能。

(二)冷却液数量检测

发动机很热时,冷却液的液面会大大的提高。检查冷却液的液面,应在发动机冷却的情况下进行。必要时应补充冷却液。补充冷却液时,应将冷却液慢慢地灌入。如果液面很低,而发动机温度很高时,不要补充冷却液,应等到发动机温度冷却后再进行。检测方法:冷却液的液面在上、下两个刻度之间,如图2.16所示。

(三)冷却液质量的检测

1. 外观检测

冷却液的外观、辨别其气味,进行直观判别。冷却液应透明,无异味、无沉淀。如发现外观浑浊,气味异常,有悬浮物时,说明冷却液已经变质,应立即停止使用并更换。

图2.16 液面在两刻度之间

2.冰点检测

冰点检测是对冷却液能否在寒冷天气里使用的一种防冻性能测试。采用冰点测试仪,能快速检测出冷却液的结晶冰点,如图 2.17 所示。

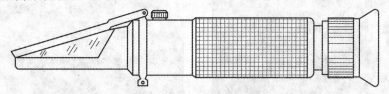

图 2.17 冰点测试仪

冰点测试仪使用方法:掀起盖板用柔软绒布把盖板及棱镜表面擦拭干净;将待测液体用吸管滴于棱镜表面,合上盖板轻轻按压,将折射计对向明亮处,旋转目镜使视场内刻度线清晰,读出明暗分界线在标示板上相应标尺上的数值即可;测试完毕,用绒布擦净棱镜表面和盖板,清洗吸管,将仪器放还于包装盒内。

(三)冷却液的更换(以富康车为例)

(1)取下发动机护板。

(2)打开上部冷却液水箱盖。

(3)启动发动机 15 min 以上,以确保节温器打开。冷却系有两个循环,平时车温不到 80 ℃时节温器关闭,冷却液只在小循环内循环流动,以利于机体温度早点趋于正常,一旦到 90 ℃以上时,节温器打开,大循环工作,如长时间怠速或空气流动性差,又会打开风扇强制冷却。正确判断节温器是否打开的方法是用手摸发动机出水管,而不是看水温表。温度很高时,说明节温器打开了。如果节温器未打开,则只能放出大循环中的冷却液。大循环工作后将空调打到热风位置,使内部循环起来。

(4)熄火,立刻松开水箱放水阀(左旋半圈往外拉),如图 2.18 所示,把旧防冻液放掉,注意烫伤手!放水同时打开水箱顶部右边的排气阀(左旋半圈往上拉),如图 2.19 所示。

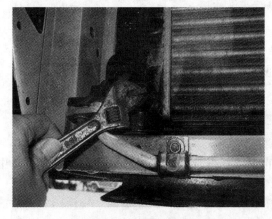

图 2.18 松开水箱放水阀

图 2.19 打开水箱顶部右边的排气阀

(5)然后上紧水箱放水阀,水箱顶部右边的排气阀不要拧,并且用 T30 内六角扳手打开位于发动机上的排气阀螺丝,如图 2.20 所示,注意垫片不能丢了。

(6)加注蒸馏水清洗,把蒸馏水从副水箱加进去,开始快些,注入量快为 4 L 时则慢慢加入,观察水箱顶部右边的排气口,直到出水了,立刻塞上塞子。

(7)继续慢慢地加水,直到位于发动机上的排气口也出水了,拧好排气螺丝。

(8)拧开位于驾驶舱壁水管上的那个排气口螺帽。用漏斗加注继续提高水位,如图 2.21 所示。直到这个排气口也出水为止。拧好排气口螺帽。

图 2.20　打开排气阀螺丝　　　　　　　　　图 2.21　用漏斗加注

(9)启动发动机(不要盖上副水箱盖),怠速运行 30 min,为了使水在整个冷却系反复循环,循环清洗水箱、水泵和水道等各部件。30 min 后按照前面介绍的方法将系统中的冷却水排放干净。重复上面的过程,直到排出的冷却水干净透明,没有任何污物,直至冷却液被彻底清洗干净为止。放水时注意烫伤手。

(10)重复步骤(9),把新的防冻液从副水箱加进去,同样要做排空气。

(11)检查所有阀门,确保可靠关好,但不要盖上副水箱盖,启动发动机,怠速运行 30 min,电子风扇转动,此时副水箱的水位会有所降低,并伴随有气泡冒出,再加防冻液,直至到 MAX 的位置。盖上副水箱盖,暂时完成。

(12)将所有部件恢复安装,以后 2～3 min 内随时观测冷却液面,若低则要注意及时添加。

2.3.2　冷却系的清洗

冷却系清洗有两种方法,一种是简单清洗,一种是彻底清洗。4S 店一般会建议客户对车辆冷却系做彻底清洗,彻底清洗需要用清洗剂清洗,过程较为复杂。

(一)冷却系清洗的必要性和清洗周期

1.必要性

冷却系经过长时间的使用,加用生水或质量不高的防冻液,会在冷却系(散热器、缸体的水套)中产生大量的水垢、铁锈和泥沙,使冷却效率降低。

2.清洗周期

使用普通水的冷却系,每六个月应清洗一次。其他使用防冻液的冷却系的发动机,应在更换防冻液或大修发动机时,彻底清洗一次冷却系。

(一)冷却系的清洗方法

1.简单清洗

洗涤时,应放净旧冷却液,将发动机冷却系加满清洁水(自来水),启动发动机运转 5 min 后放出。

2.彻底清洗

当发动机散热性能不好、发动机冷却系水垢过多时,可使用专用的散热器清洗剂进行清洗。冷却系洗涤步骤如下：

(1)启动发动机,使其温度达到正常的工作温度后(如果发动机温度低于正常温度(85 ℃),则节温器阀不能打开,清洗液只做小循环,并不在散热器和缸体水套中循环),停止发动机转动并放净冷却液,将混有清洗剂的清洗液加入到冷却系中。

(2)启动发动机,使发动机温度达到正常工作温度并急速运转 20～30 min,然后使发动机停止转动,放出清洗液。

(3)用清洁的水冲洗冷却系 5 min 后将发动机内注满清洁的水,再启动发动机使其运转 10 min 后放出即可。如果排出的液体较脏,应继续用清水反复清洗直到放出清水为止。

(4)在清洗冷却系后,应再次检查散热器冷却液情况。温度升高后电子风扇要转动。

2.3.3 风扇皮带的检查与张紧力的调整

现在在轿车上多数采用电子风扇,也有使用皮带带动,在调整时要对可调支架进行调整,掌握适当挠度是关键,不能过紧也不能过松。

(一)风扇的功用

风扇通常安排在散热器后面并与水泵同轴。用来提高流经散热器的空气流速和风量,增强散热器的散热能力,同时对发动机其他附件也有一定的冷却作用。

(二)轴流式风扇的特点

车用发动机的风扇有轴流式和离心式。轴流式风扇所产生的风,其流向与风扇轴平行;离心式风扇所产生的风,其流向为径向。轴流式风扇效率高,风量大,结构简单,布置方便,因而在车用发动机上得到了广泛的应用。

(三)布置形式

风扇常和发动机一起由曲轴带轮通过 V 带驱动。为调节 V 带的张紧程度,通常将发电机的支架做成可调节的。

(四)检查与调整

1.检查皮带的松紧度

以大拇指紧压风扇与发电机之间的皮带,施以 3～4 kg 的压力压下,皮带下沉在 10～15 mm 为正常,如图 2.22 所示。

2.调整皮带的松紧度

(1)松开发电机在固定架上的固定螺栓。
(2)根据需要移动发电机。
(3)扭紧发电机在固定架上的固定螺栓。
(4)再次检查风扇皮带的松紧度。

图 2.22 检测皮带松紧度

任务 2.4　进、排系统的维护与保养

2.4.1　空气滤清器的清洁与更换

空气滤清器(Air Cleaner)主要应用在气动机械、内燃机械等领域，其作用是为这些机械设备提供清洁的空气，以防这些机械设备在工作中吸入带有杂质颗粒的空气而增加磨蚀和损坏的概率。空气滤清器的主要组成部分是滤芯和机壳，其中滤芯是主要的过滤部分，承担着气体的过滤工作，而机壳是为滤芯提供必要保护的外部结构。空气滤清器的工作要求是能承担高效率的空气滤清工作，不为空气流动增加过多阻力，并能长时间连续工作。

(一)空气滤清器的组成

空气滤清器一般由滤清器壳体、滤芯、空气流量传感器等组成，如图 2.23 所示。

(二)空气滤清器的作用

发动机在工作过程中要吸进大量的空气，如果空气不经过滤清，空气中悬浮的尘埃被吸入汽缸中，就会加速活塞组及汽缸的磨损。较大的颗粒进入活塞与汽缸之间，会造成严重的"拉缸"现象，这在干燥多沙的工作环境中尤为严重。空气滤清器装在进气管的前方，起到滤除空气中灰尘、砂粒的作用，保证汽缸中进入足量、清洁的空气。

图 2.23　空气滤清器的组成

如果滤清器滤芯被堵塞，则进入发动机的空气数量变小，发动机的输出功率降低，燃油经济性变差。

(三)维护滤清器的要求

1. 定期清洁和更换滤芯

在使用中应按照汽车维护规定经常清洁空气滤清器集尘室和滤芯，以免滤芯上黏附灰尘过多而增大进气阻力，降低发动机功率，增加耗油量。按照厂家的更换周期更换滤芯，如滤芯破损应及时更换，一般 5 000 km 清洁一次滤芯，15 000 km 应更换滤芯。

2. 正确安装

检查维护时，滤芯上的密封垫必须安装在原位，以防止空气不经过滤清器进入汽缸，橡胶密封垫圈易脱落、老化变形，空气易从密封垫缝隙流过，大量灰尘带进汽缸。如密封垫老化变形、断裂应更换新品。纸质滤芯抗压力低，不能装得过紧，否则易把纸质滤芯压坏，影响过滤空气的效果。

3. 滤芯的选择

一般可从外观上识别优质滤芯(图 2.24)与劣质滤

图 2.24　优质滤芯

芯,也可在安装后检验。如装上新滤芯后,汽车排放的一氧化碳超标,不安装滤芯时排放的一氧化碳达标,则表示该滤芯透气性差,是不合格的滤芯。

(四)更换周期

通常建议客户每行驶 1.5 万 km 更换一次。经常在恶劣环境中工作的车辆应当不超过 1 万 km 更换一次(沙漠、建筑工地等)。空气滤清器的使用寿命,轿车为 3 万 km,商务车为 8 万 km。

(五)操作步骤

(1)车辆进入工位前,将工位清理干净,排除障碍物,准备好相关工具。
(2)拉紧驻车制动器并将变速器置于空挡。
(3)打开发动机舱盖并支承好。
(4)安装好翼子板及前格栅布。
(5)取下空气滤清器附近的装饰板。
(6)拔下安装在空气滤清器盖上的空气流量传感器插头(图 2.25)。
(7)用手打开空气滤清器盖上的两个压紧卡箍。
(8)取出空气滤清器芯,如图 2.26 所示。
(9)使用干净棉纱擦拭滤清器盖及内壁,将尘土等清除。
(10)将滤清器盖和下体扣合,防止杂物进入其中。
(11)使用吹枪将压缩空气按照与滤芯工作时空气流动相反方向吹拂滤芯,如图 2.27 所示。
(12)检查滤清器壳体是否有裂纹、变形和损坏。
(13)检查滤清器壳体下体上的冷、热空气进口端套装的橡胶口是否出现脱落和破损。
(14)检查滤清器盖的压紧卡箍是否出现严重变形及折断现象。
(15)检查进气软管及真空软管是否有裂纹损伤。
(16)检查进气软管两端接口处是否连接可靠。
(17)安装空气滤清器滤芯,按照拆卸的相反顺序进行安装。

图 2.25 拆卸空气流量传感器插头

图 2.26 取出滤芯

图 2.27 清洁空气滤清器

2.4.2 节气门的维护与保养

节气门体是控制发动机吸气多少的一个阀门。它是一个圆形的钢片,中间有一根轴,和油门拉线连接,并由油门拉线控制。节气门体是发动机进气系统上的一个装置。节气门体一般分三部分,即执行器、节气门片和节气门位置传感器,它们一般被封装为一体。边上的水管是使废气回流,达到一定的排放标准。通常阀体都是铝质,也有少量的塑料,如比亚迪等。它们通过加速踏板控制节气门开启角度确定进气量,从而调节喷油量,加速踏板踩得越深,节气门角度越大,进气量越多,喷油量越大。

(一) 节气门体的种类

节气门体分为机械式和电子式。现在运用的较多的是电子式电子节气门,属汽车发动机进气系的节气门部件。它包括节气门本体、节气门阀片、节气门轴、直流电机及齿轮减速机构,其信号输出至单片机的节气门位置传感器,还具有扭簧,其一端固定在节气门本体上,另一端固定在节气门轴的齿轮上;还具有怠速调节装置:外调节螺钉旋接在节气门本体上,内调节螺钉旋接在外调节螺钉内腔,顶杆置于外调节螺钉内腔,其上有一台肩,台肩之前的顶杆外端从外调节螺钉的开口中伸出,弹簧顶靠在顶杆台肩与内调节螺钉之间;顶杆外端抵靠在节气门轴的齿轮上,在无电机驱动时,使节气门阀片处于一个微歇度位置。实现高低怠速位置可调,在怠速工况下精确控制发动机的进气量,同时降低制造精度。

(二) 节气门体脏的原因

简单来说,是没有被空气滤清器过滤掉的灰尘遇到油气形成的油泥,黏结在节气门的周边,也就是所谓的积炭,周而复始。脏的速度取决于路况、空滤的质量,使用机油的品牌、质量,空气温度的状况,发动机的工作温度和驾驶习惯等多方面因素。

(三) 节气门体常见故障及现象

1. 常见故障

(1) 节气门体卡滞不灵活。
(2) 节气门漏气。
(3) 节气门体脏污。
(4) 怠速阀工作不良。
(5) 节气门位置传感器故障。

2. 现象

发动机怠速不稳抖动、怠速时转速过高或过低、节气门放映滞后、怠速或低速熄火、油耗增加等。

(四) 清洗周期

如果所在的使用环境比较恶劣,尘土较多,建议每 20 000 km 清洗一次;使用环境比较清洁的地区,可以设 30 000~40 000 km 清洗一次。

(五) 操作步骤

(1) 拆除空气滤清器壳体上的螺丝,如图 2.28 所示。
(2) 拆卸空气滤清器壳体上的卡箍,如图 2.29 所示。

图 2.28 拆除空气滤清器壳体上的螺丝

图 2.29 拆卸空气滤清器壳体上的卡箍

(3)取出空气滤清器。
(4)拆卸固定节气门体的四颗螺丝,如图 2.30 所示。
(5)堵住节气门体旁通道的进气口,不要让清洗剂进入到旁通道内。
(6)把节气门阀体浸泡在清洗剂内 5 min。
(7)启动发动机,使发动机怠速状态下运转 1 min。
(8)拆卸空气旁通道口。
(9)安装空气管。
(10)拆开蓄电池负极搭铁线 10 s 后连接。
(11)调整转速调整螺钉。

图 2.30 拆卸节气门体

2.4.3 三元催化转化装置的检查

(一)三元催化器的工作原理

当高温的汽车尾气通过净化装置时,三元催化器中的净化剂将增强 CO、碳氢化合物和 NO_x 三种气体的活性,促使其进行一定的氧化-还原化学反应,其中 CO 在高温下氧化成为无色、无毒的二氧化碳气体;碳氢化合物在高温下氧化成水(H_2O)和二氧化碳;NO_x 还原成氮气和氧气。三种有害气体变成无害气体,使汽车尾气得以净化。但前提是还有氧气可用,空燃比要合理。

(二)三元催化器使用注意事项

(1)装有三元催化器的汽车不能使用含铅汽油,因为含铅油燃烧后,铅颗粒随废气排经三元催化器时,会覆盖在催化剂表面,使催化剂作用面积减少,从而大大降低催化器的转换效率,导致三元催化器铅中毒。
(2)行驶在不平整的道路时应特别注意不要"托底",因为三元催化器大多数内部都是蜂窝陶器形成的催化剂承载体,碰撞后容易破碎,使催化器失效和排气管堵塞。
(3)当三元催化器出现不正常的工作状况,如回火或重复性失速时,应及时停车检查,因为这些状况可导致催化转化器永久性损坏。

(三)检查步骤

(1)启动发动机,将车辆举升到合适位置。
(2)戴上手套,检查三元催化转化装置及整条排气管管路外观是否有破损或松脱。
(3)用红外测温仪从前至后检查三元催化转化装置及整条排气管外壳的温度逐渐变化。

任务2.5 供油系的维护与保养

2.5.1 汽油机供油压力检测

(一)燃油供给系的功用与组成

燃油供给系的功用是向汽缸提供燃烧所需的汽油量,目前汽油机燃油系分为有回油管系和无回油管系。有回油管系主要由电动燃油泵、燃油滤清器、燃油分配管、油压调节器、喷油器以及油箱、油管等组成,如图 2.31 所示。

电动燃油泵把汽油从油箱泵出,经燃油滤清器、输油管送入燃油分配管,再由燃油分配管提供给各个喷油器,燃油压力调节器将多余的燃油返回油箱,以保证系统油压与进气歧管的压差一定。喷油器在 ECU 的控制下将适量的汽油喷入进气歧管中。

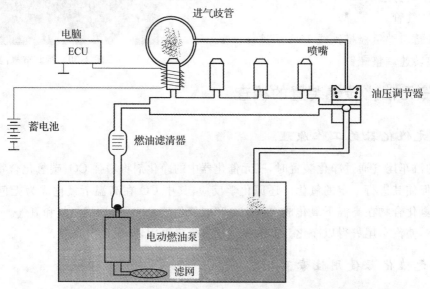

图 2.31 燃油供给系

(二)燃油压力调节器

燃油压力调节器(图 2.32)的作用是控制喷油器的喷油压力和进气歧管的绝对压力的压差保持恒定(保持喷油器进、出口压差不变),一般为 250 kPa。这样,从喷油器喷出的汽油量便唯一地取决于喷油器的开启持续时间,使发动机 ECU 在各种负荷和转速下都能精确地进行喷油量控制。因为发动机所要求的燃油喷射量是根据 ECU 加给喷油器的通电时间长短来控制的,如果不控制汽油压力,即使加给喷油器的通电时间相同,当汽油压力高时,燃油喷射量也会增加;当汽油压力低时,燃油喷射量会减少。喷油器喷射汽油的位置是进气歧管,由于进气歧管内的真空度是变化的,那么即使喷油信号的持续时间和喷油器压力保持不

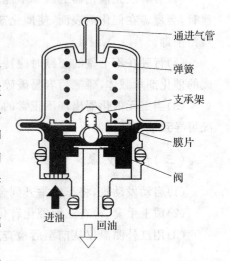

图 2.32 燃油压力调节器的结构

变,而当进气管绝对压力低(真空度高)时,燃油喷射量便增加,进气管绝对压力高(真空度低)时,燃油喷射量便减少。为了避免出现这种情况,得到精确的喷油量,油压和进气歧管真空度的总和应保持恒定不变,这样对依据通电时间确定喷油量的喷油器来说具有决定意义。为了使系统油压与进气歧管压力差保持恒定,燃油压力调节器所控制的系统油压,应随进气歧管压力变化做相应的变化。

电控燃油喷射系统中的燃油压力调节器一般安装在供油总管上,采用膜片式结构,其结构如图 2.33 所示。燃油压力调节器是一个金属壳体,中间通过一个卷边的膜片将壳体内腔分成两个小室:一个是弹簧室,内装一个带预紧力的螺旋弹簧作用在膜片上,弹簧室由一根真空软管连接至进气歧管;另一个为汽油室,直接通入供油总管。

燃油压力调节器的工作原理如下:进气歧管压力(真空度)和弹簧的压力作用在膜片上方,膜片控制着在它下边的回油孔。当喷油器工作时,汽油同时输往喷油器和汽油压力调节器的汽油室,此时膜片将回油孔堵塞,汽油不再进一步流动。当汽油压力达到预定的数值时,汽油将推动膜片,压缩弹簧并打开回油孔,从电动燃油泵来的汽油经回油孔、回油管流回油箱。然后,膜片在弹簧力的作用下回到原来位置,将回油孔关闭,如此保持喷油器内的压力恒定。

作用在膜片上方的进气歧管压力(真空度)用来调节喷油压力。弹簧的设定弹力为 250 kPa,当进气歧管负压(真空度)为零时,汽油压力保持在 250 kPa。当进气歧管压力变化时,会影响到膜片的上、下动作,以改变汽油压力。急速时,汽油压力的调整值为 196 kPa,节气门全开时约为 245 kPa。

当发动机启动后,进气歧管产生真空,急速时真空为 400 mmHg(压力为 −54 kPa),故急速时的汽油压力调整值为 196 kPa,节气门全开时,真空约为 40 mmHg(压力为 −5 kPa),故节气门全开时汽油压力调整值为 245 kPa。

电动燃油泵停止工作时,油泵上的单向阀门关闭,使得电动燃油泵单向阀和燃油压力调节器阀门间油路内保持一定的残余压力。

(三)燃油脉动减震器

当喷油器喷射汽油时,在输送管道内会产生汽油压力脉动,汽油压力脉动减震器是使汽油压力脉动衰减,以减弱汽油输送管道中的压力脉动传递,降低噪声。

图 2.33 所示为燃油压力脉动减震器结构,为了使压力脉动衰减,采用了膜片和弹簧组成的缓冲装置,可把压力脉动降低到低水平。在减震器内部由膜片分隔开成空气室(上部)和汽油室(下部),在空气室内有弹簧压在膜片上,从而使膜片产生向下的力。当油路中油压不稳时,该不稳的油压作用于膜片上,由膜片再传给弹簧而吸收掉这部分力,使油压变得平稳。该装置通常在 250 kPa 的压力下作用,但由于喷油器工作时会产生压力脉动,故它的常用工作范围可达到 300 kPa 左右。

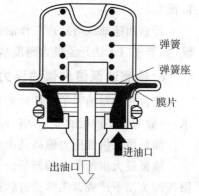

图 2.33 燃油压力脉动减震器

(四)操作步骤

1.卸压

启动发动机,在发动机运转时拔下电动燃油泵继电器或电动燃油泵导线插头,等发动机自行熄火后,再次启动发动机 3~5 次。

2.安装燃油压力表

拆下蓄电池负极搭铁线,安装燃油压力表(量程为 1 MPa),在拆卸油管时,要用一块棉布包住油管接头以防汽油喷溅。最后擦干溅出的汽油,重新装复蓄电池负极搭铁线、电动燃油泵继电器和电动燃油泵导线插头。

3. 检测静态油压

拔下电动燃油泵继电器,用导线将电动燃油泵继电器供电端子孔与燃油泵端子孔短接;打开点火开关,使电动燃油泵运转,此时的燃油压力应符合技术要求,一般应在 300 kPa 左右摆动。

静态油压偏高多是由于回油管变形或油压调节器损坏造成的,应先仔细检查回油管,变形的油管会阻碍燃油的流动,导致静态油压升高;若回油管完好,应更换燃油压力调节器。

静态油压偏低多是由于油泵进油滤网脏堵、电动汽油泵内部磨损、电动燃油泵限压阀损坏、汽油滤清器脏堵、油压调节器调压弹簧过软或喷油器喷孔卡滞常喷油造成的,可更换汽油滤清器试一下,若油压没有恢复正常,故障不在汽油滤清器。

4. 检测怠速工作压力

启动发动机怠速运转时油压表示读数即为供给系统的怠速工作压力,一般为 350 kPa。怠速工作油压偏高多是由于油压调节器真空管错装、漏装或漏气造成的,此时应先检视真空管安装是否正确、是否存在漏气部位,必要时予以更换。检测怠速工作压力时,拔下油压调节器上的真空软管,如图 2.34 所示,油压应上升至 400 kPa(以维修手册为准),与节气门全开时的加速油压基本相等,否则应更换油压调节器。

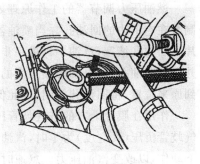

图 2.34 拔下真空软管

5. 检测急加速压力

急加速至节气门全开时油压表示数即为供给系的急加速油压,一般急加速时油压应迅速由怠速工作时的 350 kPa 上升至 400 kPa,或符合车型技术规定。

若急加速油压无变化,则可能是真空管插在了有单向阀的真空储气罐上(如刹车真空系统),应予以恢复。

若急加速油压与怠速工作油压差值小于 50 kPa,则说明在节气门全开时进气系统仍存在真空节流(如节气门无法开至最大角度),应予以检修。

6. 检测油泵最大供油压力

用包有软布的钳子夹住回油管,此时油压表读数即为油泵最大供油压力,其值应符合车型技术要求,一般为工作油压的 2~3 倍,即 700~1 050 kPa。

油泵最大供油压力偏高是由于油泵限压阀卡滞造成的,应更换电动燃油泵。

油泵最大供油压力偏低是由于燃油滤清器堵塞、油泵进油滤网脏堵、电动燃油泵内部磨损、油泵限压阀关闭不严或调压弹簧过软造成的。应先更换燃油滤清器后重新检测,若油压仍然偏低,则从油箱中拆出电动燃油泵检查;若油泵进油滤网脏污,则清洗汽油箱;若油泵进油滤网良好,应更换电动燃油泵总成。

7. 检测燃油供给系保持压力

发动机熄火后的一段时间后,油压表示数即为供给系保持压力。一般在规定时间内油压下降值符合车型技术规定。帕萨特 B5 发动机规定系统保持压力在 10 min 以后应大于 200 kPa。保持压力过低是由于电动燃油泵单向阀关闭不严、油压调节器回油口关闭不严或喷油器滴漏造成的。应首先恢复静态油压,再用包有软布的钳子夹住回油软管,若压力停止下降,则应更换油压调节器;若保持压力继续下降,则用包有软布的钳子夹住燃油压力表三通接头至燃油分配管之间的进油软管,如果压力停止下降,说明喷油器漏油,则应结合喷油器试验,找出滴漏的喷油器并予以清洗,清洗后复检,必要时予以更换;若保持压力继续下降,说明电动燃油泵单向阀密封不严,应更换电动燃油泵总成。保持压力检测完毕后再次复查静态压力,如果静态压力仍然偏低,应更换油压调节器。

2.5.2 喷油器的清洗与检验

(一)喷油器的作用

喷油器通常安装在进气歧管或汽缸盖上。其作用是按照发动机 ECU 计算出的喷射正时和脉宽(喷油量),向进气歧管或汽缸内喷射燃油。喷油器实际上是一个电磁阀,ECU 通过控制其电磁阀线圈的电流通断(接地线的通断)来控制喷油器的工作。当有电流通过时,喷油器柱塞被吸引,针阀上升,即实现燃油喷射。为了保证喷油的精确度,喷油器的球阀或针阀与阀座都要求有很高的加工精度,而且阀体的升程微小,只有 0.1 mm 左右。

(1)提高油压(定压)。将喷油压力提高到 10～20 MPa。
(2)控制喷油时间(定时)。按规定的时间喷油和停止喷油。
(3)控制喷油量(定量)。根据柴油机的工作情况,改变喷油量的多少,以调节柴油机的转速和功率。

(二)喷油器的种类

1. 按结构分类

喷油器可分为轴针式、球阀式和片阀式三种。

(1)轴针式电磁喷油器。

喷油时衔铁带动针阀从其座面上升约 0.1 mm,燃油从精密间隙中喷出。为使燃油充分雾化,针阀前端磨出一段喷油轴针。喷油器吸动及下降时间为 1～1.5 ms。

(2)球阀式电磁喷油器。

球阀的阀针质量轻,弹簧预紧力大,可获得更加宽广的动态流量范围。球阀具有自动定心作用,密封性好。同时,球阀简化了计量部分的结构,有助于提高喷油量精度。

(3)片阀式电磁喷油器。

质量轻的阀片和孔式阀座与磁性优化的喷油器总成结合起来,使喷油器不仅具有较大的动态流量范围,而且抗堵塞能力较强。

2. 按电阻值分类

(1)高阻值喷油器。电磁线圈电阻值为 13～17 Ω。
(2)低阻值喷油器。电磁线圈电阻值为 2～3 Ω。

3. 按电磁线圈的驱动方式分类

(1)电压驱动式。

电压驱动式是指 ECU 利用恒定的脉冲电压驱动喷油器喷油。

(2)电流驱动式。

喷油器驱动脉冲信号开始时是用一个较大的电流,使电磁线圈产生较大的吸力,以迅速打开喷口。随后用较小电流保持喷口的开启状态,从而防止电磁线圈过热,因此其驱动效果较好。

电流驱动式只适用于低阻值的喷油器,因其对 ECU 设计要求高,故采用较少。

(三)轴针式喷油器的结构与工作原理

轴针式喷油器主要由喷油器外壳、滤网、插座、电磁线圈、衔铁、针阀、轴针及上下密封圈组成,如图 2.35 所示。当喷油器的电磁线圈没有电流通过时,针阀在弹簧的作用下将喷油器的阀口关闭,喷油器不喷油。当电磁线圈通电时,线圈产生磁场,电磁吸力将衔铁吸起上移,与衔铁一体的针阀同时上移,喷油器的阀口被打开,燃油从精密的环形喷口以雾状喷出。喷油器用专门的O形密封圈安装,该密封圈为橡胶成型件,具有隔热作用能防止喷油器中的燃油产生气泡,有助于提高发动机的高温启动性能。喷油器经燃油管,或使用带保险夹头的连接插座与燃油分配管连接。

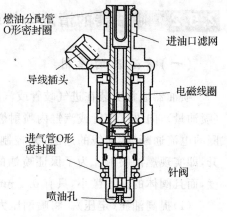

图 2.35 轴针式喷油器

(四)喷油器常见故障

电控燃油喷射系喷油器常见故障可分为机械故障和电路故障两种。

1. 机械故障

机械故障表现为喷油器由于黏滞、堵塞、泄漏而引起机械动作失效,造成发动机的运转出现损坏性工况,严重影响汽车的正常使用。

(1)喷油器黏滞。

该故障是在发动机 ECU 发出喷油信号,喷油器的电磁线圈通电后产生磁吸力,由于针阀与阀座的间隙被残存的黏胶物阻塞,致使吸动柱塞升起的动作发涩,达不到规定的针阀开启速度,影响正常的喷油量。喷油器发生黏滞故障后,发动机出现怠速不稳、启动困难、加速性能变差等症状。产生喷油器黏滞的主要原因是使用了劣质汽油而引起的。劣质汽油中的石蜡和胶质,将在短期内引起喷油器黏滞,造成发动机发生早期故障。

(2)喷油器堵塞。

该故障可分为内部堵塞和外部堵塞两种状况。内部堵塞原因是汽油中混入杂质和污物堵塞喷油器内部的运动间隙,使喷油器机械动作失效。外部堵塞原因是喷油器外部的喷射口被积炭和污物堵塞,造成喷油器喷射工作失效。喷油器发生堵塞故障后,发动机启动困难、运转不稳、怠速熄火、加速性能变差,甚至造成发动机喘抖,导致机件异常磨损情况恶化。由于喷油器堵塞的程度不同,堵塞的状况不同,发动机出现早期故障的症状也不同。

(3)喷油器泄漏。

喷油器泄漏故障一般分为内部泄漏和外部泄漏两种情况。喷油器内部泄漏的原因多是其在使用中早期磨损,造成其在系统压力的作用下,不断向进气歧管内泄漏燃油。喷油器外部泄漏多发生在喷油器和油轨连接处,多是密封面密封不严。若汽油泄漏在进气歧管外部,油滴在汽缸体上,遇热后会在发动机舱内蒸发,一旦出现电火花,随时都会引起火灾,后果很严重。当喷油器发生内部泄漏后,会造成喷油器喷射出的燃油雾化不好,引起发动机运转不平稳,混合气燃烧不完全,排气管冒黑烟的现象,并会导致车辆的燃油消耗量明显增加。当喷油器发生外部泄漏故障后,会导致发动机启动困难、怠速熄火、动力性下降、耗油量增加、运转喘振和加速不良等故障的发生。另外,当喷油器与进气管连接处的密封面破损后,还会导致进气系统泄漏,致使额外的空气进入发动机燃烧室,造成混合气偏稀,引发发动机运转异常。

2. 电路故障

喷油器自身的电路故障主要表现在电磁线圈上,可以归纳为电磁线圈断路、电磁线圈短路和线圈老化。

(1)电磁线圈断路。

电磁线圈烧断的喷油器,燃油喷射工况中断,造成发动机无法运转。造成线圈烧断的原因,主要是维修中盲目改动线路,造成接线错误,而将线圈绝缘层烧坏。另外,在清洗喷油器的维护中,由于操作者不熟悉电磁线圈电阻值的知识,错误地将低阻值喷油器直接接到蓄电池电源上,导致线圈载流量超过限度,发热烧蚀线圈漆包线的绝缘层,严重的甚至烧断线圈的导线。

(2)电磁线圈短路。

电磁线圈短路是指喷油器电磁线圈正常出现的脉冲控制电流,未经规定线路流动,而通过一条短捷的线路流动。喷油器电磁线圈的连接方式是由一个双位导线连接器连接线圈首尾两端。导线连接器送出的两根引线,一根接轿车蓄电池电源正极,另一根经过汽车的发动机 ECU 后,接入控制喷油器电磁线圈的搭铁回路。喷油器电磁线圈发生短路故障,即未经发动机 ECU 而直接搭铁。短路故障发生后,只要接通点火开关,喷油器就一直喷油。在启动发动机时,由于油量过多,造成火花塞被淹而无法启动。就是发动机勉强能启动,发动机运转工况也异常恶化,燃油消耗量过高,混合气过浓,产生爆燃而引起发动机喘抖,造成机械磨损加剧。另外,过量的汽油还会在排气中燃烧,废气排放超标,严重冒黑烟,HC 值极高,甚至损坏三元催化转换器。产生喷油器电磁线圈短路的主要原因是维修中接线错误、导线连接器周围过脏及电磁线圈老化。

(3)线圈老化。

喷油器电磁线圈老化是指线圈阻抗值增加,造成脉冲控制电流在老化的线圈上受阻,导致线圈产生的电磁吸力不足,影响喷油的喷射效果。当线圈老化出现后,发动机启动困难、怠速不稳、加速性能变差,通常老化属于自然规律,电磁线圈也如此,但是短期内电磁线圈发生老化大多是由异常原因造成的故障。产生线圈老化的异常原因是喷射系中的脉冲电流控制值偏高,电流过大而引起发热,导致线圈过早出现老化,其故障根源是发动机微机控制系统工作状态失常。

(五)排除方法

1.喷油很少或喷不出油

(1)燃油系油路有空气:排除高压或低压油管中的空气。

(2)喷油嘴偶件咬死:修磨或更换。

(3)喷油泵供油不正常:按喷油泵故障排除方法找出原因并处理。

(4)高压油管漏油:拧紧螺母、油管已有裂缝的应更换。

(5)喷油嘴偶件磨损:更换或修磨。

2.喷油压力低

(1)调压螺钉松动:按规定重新调整至规定压力,并拧紧锁紧螺母。

(2)调压弹簧变形:调整或更换。

(3)针阀卡住:清洗或研磨。

(4)弹簧座、顶杆等零件磨损:修理或更换。

3.喷油压力太高

(1)调压弹簧弹力高:按规定重新调整至规定压力,并拧紧锁紧螺母。

(2)针阀粘住:清洗或研磨。

(3)喷孔堵塞:清理喷孔或更换油嘴(喷嘴)。

4.喷油器漏油

(1)调压弹簧断裂:更换新弹簧。

(2)针阀体座面损坏:更换。

(3)针阀咬死:清理修磨或更换。

(4)紧帽变形:更换。

(5)喷油器体平面磨损:修磨或更换。

5.喷油雾化不良

(1)喷油压力低:调整至规定压力。

(2)喷油嘴座面损坏或烧坏:修磨或更换。
(3)喷油嘴偶件配合面有垃圾:及时清洗。

6.喷油成线

(1)喷孔堵塞:用直径为0.2～0.3 mm的钢丝疏通喷孔。
(2)针阀体座面过度磨损:更换新的针阀体。
(3)针阀咬死:清洗修磨或更换。

7.针阀表面烧坏或呈蓝黑色(柴油机过热)

检查冷却系,并注意更换偶件。柴油机不要长时间超负荷运行。

(六)喷油器的保养

喷油器工作700 h左右应检查调整一次。若开启压力低于规定值1 MPa以上或针阀头部积炭严重时,则应卸出针阀放入清洁柴油中用木片刮除积炭,用细钢丝疏通喷孔,装后进行调试,要求同一台机器的各缸喷油压力差必须小于1 MPa。

喷入缸内的柴油能够及时地完全燃烧,必须定期检查油泵的供油时间。供油时间过早,车辆会出现启动困难和敲缸的故障;供油时间过迟,会导致排气冒黑烟,机温过高,油耗上升。

阀偶件的配合精度极高,并且喷孔孔径很小,因而必须严格按照季节变化选用规定牌号的清洁柴油,否则喷油器就不能正常工作。

器针阀偶件时不得与其他硬物相撞,也不可使其跌落在地,以免碰伤擦伤。更换喷油器针阀偶件时,应先将新偶件放入80 ℃的热柴油中浸泡10 s左右,让防锈油充分溶化后,再在干净柴油中将针阀在阀体内来回抽动,彻底洗净,这样才能避免喷油器工作时因防锈油溶化而发生粘住针阀的故障。

(七)喷油器的清洗

1.喷油器拆卸

(1)首先进行管路泄压,拔出燃油泵保险丝或继电器,启动发动机3～5次,直到发动机无法启动。
(2)关闭点火开关,断开蓄电池负接线。
(3)拆汽缸盖罩。
(4)拆卸发动机线束。
①断开四个喷油器总成连接器,如图2.36所示。
②拆线束支架,如图2.37所示。

图2.36 断开喷油器总成连接器

图2.37 拆线束支架

(5)拆燃油管总成。
①拆燃油管卡夹、旋下燃油管接头,如图2.38所示。
②拆燃油管两根固定螺栓。

③取下螺栓和燃油管总成,如图2.39所示。

(6)拆卸喷油器总成。

①从燃油管总成中拉出四个喷油器总成,如图2.40所示。

②在喷油器上贴上标签。

③拆下四个喷油器隔振垫,如图2.41所示。

图 2.38 拆燃油管卡夹、旋下燃油管接头

图 2.39 取下螺栓和燃油管总成

图 2.40 拆卸喷油器总成

图 2.41 拆卸喷油器隔振垫

2.喷油器清洗

(1)超声波清洗。

电控燃油喷射系统喷油器出现积炭或堵塞,一般使用超声波喷油器清洗机(图2.42)进行清洗,清洗步骤如下:

①将喷油器放入汽油或清洗油中,仔细清除外部油污后用软布擦拭干净。检查喷油嘴上的橡胶圈是否损坏,如有损坏,应及时更换。

②在超声波清洗槽倒入专用喷油器测试剂两瓶,约1 850 mL,如图2.43所示。

图 2.42 超声波清洗机

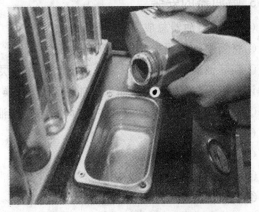

图 2.43 倒入喷油器测试剂

③在超声波清洗槽内放入清洗支架,在机架上放好喷油器,清洗剂要浸过支架表面。
④打开设备电源开关。
⑤按下超声波键,如图 2.44 所示。
⑥设置清洗时间(设备默认 10 min),如图 2.45 所示。
注意,调整时间为 600 s 超声槽内无清洗剂时,严禁打开超声系统,以免造成设备损坏。

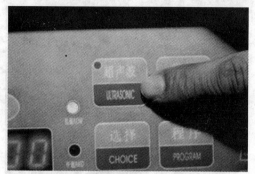
图 2.44　按下超声波键

图 2.45　设置清洗时间

(2)喷油器反冲洗。

把反冲洗接头与喷油嘴连接,并放置在测试架上,然后把供油的压力调至 20～400 kPa,按清洗键,清洗完毕后,关闭油泵(按油泵键),并拆下喷油嘴连接接头。

(3)喷油器测试。

①检测喷油嘴的滴漏。根据喷油嘴的型号选择连接头,并连接好,然后检查密封 O 形环组(发现坏的要更换),将喷油嘴安装在测试架上,按油泵键,将压力调至被检车出厂规定压力(最好高 10%),观测喷油嘴是否滴油,如发现 1 min 滴漏大于一滴(或按技术标准),则要更换喷油嘴。

②检测喷油嘴的喷油角度和雾化状。按清洗键,喷油嘴常喷,观测喷油角度和喷油雾化,喷油角度要一致(或按被检汽车出厂技术标准),雾化要均匀,无射流现象,否则要更换。

③检测喷油嘴的喷油量。关闭回油开关;按油泵键,然后按清洗键 15 s,观测试管的喷油量应为 34～38 mL(或按技术标准),否则更换。

④检测喷油嘴油量的均匀度。按预置键,按油泵键,把压力调至被检车系统油压规定压力,按测试键,记数完毕后,即显示"0000",观测每个喷油嘴喷在试管上的油量,均匀度不超过 9%的,视为合格(或按技术标准),超过 9%的要更换。

⑤自动检测清洗分析。使用自动检测清洗分析时,先按油泵键启动油泵,并把压力调至被检车系统油压规定的范围(最好高于 10%),然后按自动键,这时自动进行检测清洗,在自动检测清洗分析过程中,按复位键,系统将恢复到初始状态。

3.喷油器的安装

(1)安装喷油器总成。

①将新喷油器隔振垫安装到喷油器总成上。

②在喷油器总成 O 形圈接触面上涂抹一薄层汽油或锭子油,不要扭曲 O 形圈,安装喷油器后,检查确认它们可以平稳转动,如果不能平稳转动,换上新的 O 形圈。

③安装四个喷油器总成,向左和向右转动喷油器总成(转动平稳),以将其安装到输油管总成上。

(2)安装燃油管隔垫。

(3)安装燃油管总成。

①安装燃油管总成。

②安装燃油管接头并装上卡夹。

③装上燃油管固定螺栓,螺栓紧固至规定扭矩。

④固定发动机线束支架。

(4)连接发动机线束。

①连接四个喷油器总成连接器。

②连接搭铁线。

(5)将电缆连接到蓄电池负极端子。

(6)检查燃油是否泄漏。

(八)喷油器的检验

喷油器是电控燃油喷射系中关键的组成部分。喷油器发生的故障约占电控燃油喷射系统故障的25%以上。喷油器是一次性使用件,只允许清洗时才能拆开维护修理。可以运用检测手段去判断哪一个喷油器发生了故障及其故障原因和部位,以决定是清洗或是更换。

1.经验检测法(外部检测法)

用经验法检测喷油器可以从喷油器的外部诊断其工作是否正常。此法简单易行,但很难精确地测出喷油器的燃油喷射量。具体检测诊断方法如下:

(1)发动机热机后,在急速状态下,用听诊器(触杆式)触及喷油器本体,测听各缸喷油器的工作声响。喷油器正常工作时,发出"嗤、嗤、嗤"的喷油声;否则,说明喷油器有故障,应该清洗喷油器或更换喷油器。

(2)发动机热机后,在急速状态下,用手触摸或用听诊器测听喷油器工作时的振击声,即检测喷油器针阀开闭的声响。用手触摸喷油器本体,若有轻微的振感或听到有"嗒、嗒、嗒"的声音,说明此喷油器工作正常;否则,说明喷油器有故障,应该清洗喷油器或更换喷油器。

(3)拆下发动机上的全部喷油器,安装在便于观察其喷油状况的地方并接好油管及连接线(此时还应将火花塞卸下,以减少汽缸阻力)。启动发动机,同时观察各喷油器的喷油状况(注意防火),应对喷油雾化不良或漏油的喷油器进行清洗或更换。

(4)喷油器的单个检测。将喷油器与蓄电池连接好,通电15 s,用量筒测量喷油器的喷油量,并观察汽油雾化情况。要求每个喷油器的喷油量与标准喷油量相差不得超过10%。每个喷油器需测试2~3次,以保证喷油器喷油量的准确率。检测完喷油器后,脱开蓄电池与喷油器的连接线,在保持油路系统正常油压的情况下检查喷油器处有无漏油,要求每分钟漏油不得多于2滴。

(5)线路检测。用汽车电气测试仪或用一只12 V灯泡连接到喷油器(高电阻型喷油器)导线侧连接器的两个端子。启动发动机,如汽车电气测试仪或灯泡出现闪亮,即表示控制电流及线路正常,否则,应对相应的线路进行检查。

2.万用表检测法

这一方法主要是检测喷油器的电压、电阻值和有关线路的导通情况。与经验法比较起来,检测精度和准确率较高,不容易发生误判。

(1)喷油器电路电压的检测。点火开关置于"OFF"位置,拔下喷油器导线连接器,再将点火开关置于"ON"位置,用万用表的"V"挡检测喷油器导线侧连接器上电源端子与搭铁端子间的电压,电压值应为蓄电池电压。如无电压,则应检修喷油器的供电线路。

(2)喷油器电磁线圈电阻值的检测。拔下喷油器导线连接器,用万用表"Ω"挡测量喷油器上两个接线端子间的电阻值。发动机温度在20 ℃时,高电阻型喷油器的电阻值应为12~16 Ω,低电阻型喷油器的电阻值应为2~5 Ω。如果电阻值不符合标准,证明喷油器的电磁线圈损坏,应更换喷油器。

3.专用仪器检测法

常用的测试仪是喷油器超声波清洗测试仪。采用喷油器超声波清洗测试仪对喷油器的检测过程如下:

(1)从发动机上拆下喷油器后,先用化油器清洗剂喷洗一下喷油器的外表,再用布擦抹干净。因刚拆下的喷油器外表较脏,若不进行清洗,会大大缩短超声波清洗液的使用寿命。

(2)密封性检测。在喷油器关闭的情况下,加上喷油的正常油压来检测喷油器的密封性。一般要求在1 min 内喷油器不得滴漏2滴以上油滴,冷启动喷油器则不允许超过1滴油滴。如果密封性不符合技术要求,则应清洗或更换喷油器。

(3)雾化检测。不同型号的喷油器,在正常条件下喷雾形状是不同的。一般喷雾形状像落体张开时的抛物面,两孔以上喷油器的喷雾形状是角度较大的白色锥体,而单孔喷油器的张角并不大。较脏或有故障的喷油器的喷雾形状基本相同,是一根或几根白线。如果雾化性不符合技术要求,则应清洗或更换喷油器。

(4)流量检测。即使是几个新的同型号的喷油器,它们的流量也不会绝对相同。在不同油压和不同转速下喷油器的喷油量也是不同的。汽车制造厂家给出在正常压力下15 s 常开喷油流量,一般为45～75 mL,各个喷油器的喷射误差量不得超过5 mL。如果流量检测结果不符合技术要求,则应清洗或更换喷油器。

(5)超声波清洗。用超声波正向、反向清洗喷油器。正向可以彻底清洗喷油器阀腔和阀座,反向则可以彻底洗脱滤网上的杂质。正反向清洗后,再用高速洁净气流吹净喷油器内的残留液体,以避免清洗液与测试液混合后产生沉淀物。

2.5.3　燃油滤清器的更换

(一)燃油滤清器的作用

燃油滤清器的作用,是把含在燃油中的氧化铁、粉尘等固体杂物除去,防止燃油系统堵塞(特别是喷油嘴),减少机械磨损,确保发动机稳定运行,提高可靠性。

(二)燃油滤清器的分类

燃油滤清器分为柴油滤清器、汽油滤清器和天然气滤清器三类。其作用是滤除发动机燃油系中的有害颗粒和水分,以保护油泵油嘴、缸套、活塞环等,减少磨损,避免堵塞。

1.柴油滤清器

柴油滤清器的结构大致与机油滤清器相同,有可换式和旋装式两种。但其承受的工作压力和耐油温要求较机油滤清器低得多,而其过滤效率的要求却比机油滤清器高得多。柴油滤清器的滤芯多采用滤纸,也有采用毛毡或高分子材料的。

柴油滤清器又可以分为柴油水分离器和柴油精滤器。柴油水分离器的重要功能就是分离柴油中的水。水的存在对于柴油机供油系统危害极大,锈蚀、磨损、卡死甚至会恶化柴油的燃烧过程。由于我国柴油中的含硫量较高,在燃烧发生时,甚至会和水反应生成硫酸腐蚀发动机部件。传统的除水方式主要是沉淀。国三以上排放的发动机对水分离提出更高的要求,即需要采用高性能的过滤介质。

柴油精滤器是用来过滤柴油中细小的颗粒,在国三以上排放的柴油发动机主要是针对3～5 μm 颗粒的过滤效率。

2.汽油滤清器

电喷式发动机的汽油滤清器(图2.46)位于输油泵的出口一侧,工作压力较高,通常采用金属外壳。汽油滤清器的滤芯多采用滤纸,也有使用尼龙布、高分子材料的。

汽油滤清器的主要功能是滤除汽油中的杂质。如果汽油滤清器过脏或堵塞,主要表现为:加油门时,动力起来较慢或起不来、汽车启动困难,有时候要打火2～3次才能打着。目前多数发动机上装的都是一次性不可拆洗式的纸质滤芯,滤清器有进

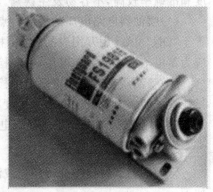

图 2.46　汽油滤清器

出油口箭头标记,更换时切勿装反。

(三)更换周期

燃油滤清器的推荐更换周期应根据其自身的结构、性能和用途等的不同而有所差异,并不能一概而论。大多数汽车制造商对其外部滤清器正常维护的推荐更换周期为4.8万km;保守维护的推荐更换周期为1.92万～2.4万km。如果拿不准,须翻阅车主手册找出正确的推荐更换周期。另外,当滤清器软管出现由泥尘、机油等污垢造成的老化或裂痕时,需要及时更换该软管。

(四)更换燃油滤清器使用注意事项

(1)汽油格和机油格更换安装后,都要注意接口的密封性,警惕漏油现象。
(2)对于空气格和空调格,要保证更换后整体的密封性。
(3)爱护汽油格,尽量使用汽车厂家规定的配套标号汽油。
(4)滤清器有进出油口箭头标记,更换时切勿装反。

(五)操作步骤

(1)拆卸。
①拆下蓄电池上的搭铁线。
②打开加油口盖,释放燃油蒸气压力,然后再拧上加油口盖。
③用举升器将车辆举起到合适位置。
④从燃油滤清器上拆下进油管和出油管(注意防止汽油流出污染环境)。
⑤拆下燃油滤清器,如图2.47所示。

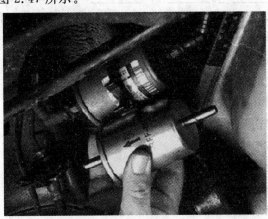

图2.47 拆下燃油滤清器

(2)将拆下的滤清器交给配件管理部门,准备新的滤清器。
(3)安装燃油滤清器。
①将汽油滤清器固定在底板上(滤清器上的箭头为汽油流向)。
②连接进油管和出油管(确保安装到位),用卡箍将油管与滤清器连接稳妥。
③将车辆降到地上。
④连接蓄电池搭铁线。
⑤启动发动机,检查滤清器的油管接头处有无泄漏。

课后练习

一、填空题

1. 汽缸的密封性是发动机性能的主要标志之一,汽缸密封性的好坏直接关系到发动机的 _____、_____ 和 _____。汽缸密封性主要由 _____、_____、_____、_____ 及汽缸的密封性决定,无论哪方面密封性变差,都会引起汽缸的密封性能降低。

2. 对同一台发动机而言,除要求各汽缸的汽缸压力在规定的范围值之内外,同时,各汽缸的汽缸压力差不大于 _____。现代汽油机的标准汽缸压力一般为 1.0~1.3 MPa,一般柴油机汽缸压力为 1.7~2.2 MPa。

4. 正时齿形带连接 _____ 和 _____,传递曲轴动力,带动 _____ 同步转动,确保发动机具有正确的配气正时和点火正时。

5. 机油的作用是:_____、_____、_____、_____ 和 _____。

6. 冷却液的作用是:_____、_____、_____、_____ 和 _____。

7. 空气滤清器一般由 _____、_____、_____ 等组成。

8. 油供给系统的功用是向汽缸提供燃烧所需的汽油量,目前汽油机燃油系统分为 _____ 和 _____。有回油管系统主要由 _____、_____、_____、_____、_____、_____ 以及 _____ 等组成。

9. 喷油器可分为 _____、_____ 和 _____ 三种。

10. 燃油滤清器有 _____、_____ 和 _____ 三类。其作用是滤除发动机燃油系统中的有害颗粒和水分,以保护 _____、_____、_____ 等,减少磨损,避免堵塞。

二、解答题

1. 如何进行汽缸压力的检测?
2. 曲轴箱产生废气的原因和危害是什么?
3. 如何进行PCV阀的清洗和通风管路的维护与保养?
4. 正时齿形带的损伤及其危害有哪些?
5. 如何进行正时齿形带的维护?
6. 如何进行机油数量的检查?
7. 如何进行机油质量的检查?
8. 如何进行冷却液数量的检测?
9. 如何进行冷却液质量的检查?
10. 如何进行冷却系的清洗及冷却液的更换?
11. 节气门体常出现的故障及原因有哪些?
12. 如何进行节气门体的清洗?
13. 简述供油系统的功用及组成。
14. 如何进行喷油器的清洗?
15. 喷油器常见的故障有哪些?

模块 3

汽车底盘的维护与保养

【知识目标】

1. 理解离合器的组成和各部件的作用。
2. 掌握离合器自由间隙测量及调整方法。

【技能目标】

1. 能叙述离合器工作过程,能进行常规检查。
2. 能正确进行离合器踏板高度的测量和调整。

【课时计划】

任务	任务内容	参考课时		
		理论课时	实训课时	合计
3.1	离合器的维护与保养	1	4	5
3.2	变速器的维护与保养	1	4	5
3.3	车胎的维护与保养	1	4	5
3.4	转向系的维护与保养	1	4	5
3.5	制动器的维护与保养	1	4	5

共计:25 课时

> 情境导入
>
> 汽车底盘是汽车四大组成部分之一,包括转向系、制动系、传动系、行驶系等,作为维修人员应该掌握其工作原理及常见保养方法,以便为更深层次的维修技术做好铺垫。

任务3.1 离合器的维护与保养

3.1.1 离合器操纵机构的认识及常规检查

1.离合器操纵机构的作用

离合器操纵机构的作用是将人作用在离合器踏板上的力通过液压或者杠杆原理进行放大,推动分离轴承实现离合器的分离和接合。

2.离合器操纵机构的分类

目前,汽车上多采用液压助力或者机械助力操纵机构。

(1)液压助力驱动。

将作用在离合器踏板上的人力通过液压助力进行放大驱动分离轴承,实现离合器的分离和结合。

(2)机械拉线助力驱动。

将作用在离合器踏板上的人力通过杠杆原理进行放大,驱动分离轴承,实现离合器分离和接合。

3.液压式离合器操纵机构的组成

液压式离合器操纵机构的组成如图3.1所示。

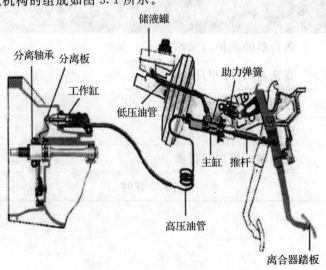

图3.1 液压离合器操纵机构工作原理

4.液压离合器操纵机构的工作过程

(1)分离过程。分离过程如图3.1所示。驾车者踩下离合器踏板时,推杆推动总泵活塞使油压增高,通过高压管进入分泵,迫使分泵拉杆推动分离板,将分离轴承推向前使离合器分离。

(2)接合过程。当驾驶者松开离合器踏板时，离合器推杆在助力弹簧作用下返回初始位置，制动主缸和工作缸内压力减小，分离轴承离开离合器压盘弹簧，使离合器接合。

5.拉线式离合器操作机构工作过程

(1)分离过程。当驾驶员踩下离合器踏板时离合器拉线带动分离板，推动分离轴承使离合器分离。

(2)接合过程。当驾驶员松开离合器踏板时分离板在助力弹簧作用下逐渐退回原位离合器从新接合。

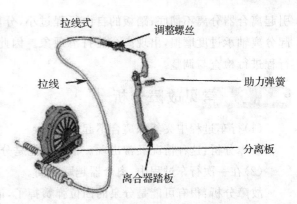

图 3.2　机械拉线式离合器操纵机构组成

6.如何正确使用离合器

离合器是连接汽车发动机和变速器的装置，而离合器踏板则是离合器的操纵装置。当踏下或抬起离合器踏板时，它会使发动机与变速器暂时分离或平稳地接合，以切断或传递动力，实现汽车起步、变速、停车等运动状态的变化。

操纵离合器踏板时，应以左脚前脚掌将踏板踏实，以膝关节和踝关节的屈伸动作将离合器踏板踏下或抬起，不准用脚尖、脚心或脚跟踏离合器踏板，以防止踏的力量不足或滑离踏板。踏下离合器踏板的动作要快，并一次到底，使离合器能彻底分离，抬起离合器踏板时，则应根据操作情况决定，一般是由行驶挡变为空挡时，可迅速抬起离合器踏板，在汽车起步或换挡时，离合器尚未接合之前的自由行程可稍快，当离合器开始接合时，则应稍停一下，再缓缓抬离合器踏板，待离合器完全接合后，应迅速将脚从踏板上移开，放在踏板的正下方。在汽车行驶中不使用离合器时，不准将脚踏在离合器踏板上，以免使离合器产生半联动现象，影响传递转矩，增加机件磨损。

离合器的半联动，只能在起步和需要车速控制相当低速时使用。汽车通过泥泞、冰雪等特殊路段时的短时间使用，切不可长时间或频繁使用，否则将会烧毁离合器摩擦片等机件。不准不踏离合器而变换汽车的挡位。在汽车停车时，应踏下离合器踏板，将变速杆挂到空挡位置后，再踏下制动踏板，使车停止。在特殊的情况下，采用紧急制动停车时可直接踏下制动踏板，使车迅速停止。

7.离合器的正确检查

在驾驶手动变速器汽车时，必须重视离合器的调整和保养。其中最重要的是检查离合器的接合情况。检验离合器的步骤如下：启动发动机，使发动机暖机之后再进行后续作业。用力拉紧手制动的拉杆，使其制动力达到最大。踏下离合器踏板并换上2挡。最好不使用1挡，因为1挡的力太大。用脚稍微压下油门踏板，同时慢慢松开离合器踏板，如果发动机不熄火，则是离合器打滑，应该进行调整。

3.1.2　离合器踏板自由行程的测量及调整

1.离合器自由间隙和离合器踏板自由行程

离合器在正常接合状态下，分离杠杆内端与分离轴承之间应留有一个间隙，一般为几个毫米，这个间隙称为离合器自由间隙。如果没有自由间隙，从动盘摩擦片磨损变薄后压盘将不能向前移动压紧从动盘，这将导致离合器打滑，使离合器传动转矩下降，车辆行驶无力，而且会加速从动盘的磨损。

为了消除离合器的自由间隙和操纵机构零件的弹性变形所需要的离合器踏板行程称为离合器踏板自由行程。可以通过拧动调节叉处的调整螺母，来改变分离拉杆的长度对踏板自由行程进行调整。

离合器踏板自由行程反映离合器分离轴承与分离杠杆之间的间隙值。踏板的自由行程过大，会引起离合器分离不彻底;踏板的自由行程过小,分离轴承与分离杠杆接触并随分离杠杆一起转动,引起分离轴承过度磨损,出现离合器打滑现象。因此,应按照维修手册的要求,定期对离合器踏板自由行程进行检查与调整。

3.1.3 常见故障分析

(1)行车过程中突然踩离合不起作用。

故障分析:这种情况经常出现。很有可能是分泵推杆销子掉了,请检查拧紧或补上。

(2)在一次行车过程中,离合器越踩越高。

故障分析:很有可能是分泵的回位弹簧掉了,请检查挂上或补上。

(3)在一次行车过程中,离合器越踩越低,最后感觉离合器不起作用了。

故障分析:故障同离合器间隙过大的故障相似,但是离合器间隙过大故障还能挂上挡,只是不好挂,此时故障更严重,根本挂不上挡,感觉好像没有了离合器似的。这时有可能是总泵或者分泵漏油,或离合器油路有漏油的地方(管路磨损漏油、接头漏油),刹车油缺少,请检查驾驶室内的油浮高度。或者也有可能是离合器总泵或分泵坏了,导致油压过低,不能有效推动拨叉,分离不彻底。这种情况一般需要去专业修理厂更换总泵或者分泵液压系统工作介质,必须使用同一型号的制动液。更换制动液时,必须将液压系统内的残液全部清除干净后,统一更换指定牌号、同一批次的制动液。

(4)离合器踩不下去。

故障分析:这时有可能是在长期使用的过程中,离合器分离轴承与接合件卡住或卡死,或者压盘不平、离合器片弯曲变形或离合器压盘损坏。这时需要去专业修理厂更换零件。

3.1.5 常见故障决方法

间隙过大,即自由行程过大,会使离合器分离不彻底,变速器换挡困难,同时加快离合器从动盘上的摩擦片与压盘的磨损,降低离合器使用寿命。

解决办法:检查调整助力缸推杆自由行程。离合器分离轴承应有2~3 mm的自由行程,以保证轴承不会长期受压工作,造成早期损坏,为此助力缸推杆应有6~8 mm的自由行程。装配调整时,先不安装回位弹簧,依靠助力缸内预紧簧推动活塞和推杆,顶住离合器分离摇臂,这时调整限位螺栓,此时是逆时针拧动螺母,使螺栓端部与支架之间留有6~8 mm间隙,拧紧紧固螺母,然后装上回位弹簧。

3.1.6 离合器静态高度调整

(1)用直尺支在驾驶室底板上,其倾斜度以直尺与踏板踩下时的弧线相切为准。

(2)测出踏板完全放松时距驾驶室面的高度。

(3)用手轻推离合器踏板,感觉到阻力增大时(分离轴承与分离杠杆刚刚接触时刻),停止压下离合器踏板,测出踏板距驾驶室底面的高度。

(4)此时,两高度之差即为离合器踏板的自由行程,如图3.3所示。

液压式离合器踏板自由行程的调整如下:

(1)通过调整总泵主缸踏板的偏心来实现,如图3.4所示。

(2)通过调整离合器分泵推杆长度来实现。顺时针为推杆缩短,这样会使离合轻抬便可进入离合接合点;逆时针为推杆伸长,这样会使离合轻抬便可进入离合接合点。

拉线式离合器踏板自由行程的调整如下:

(1)用润滑油加注油枪润滑离合器操纵拉线。

(2)旋松离合器拉线上的锁紧螺母,转动调整螺母,改变离合器拉线的长度,调整到离合器踏板到适当的自由行程,然后将锁紧螺母锁好,如图3.5所示。

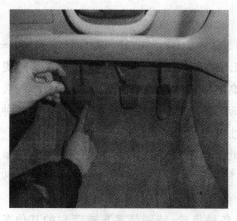

图 3.3　离合器踏板自由行程的检查

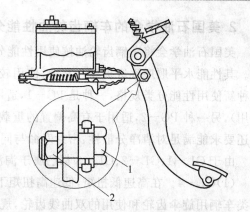

图 3.4　液压式离合器踏板自由行程的调整方法
1—偏心调整螺杆；2—锁止螺母

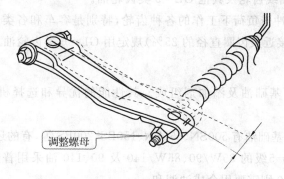

图 3.5　拉线式离合器踏板自由行程的调整

3.1.7　技术参数

（1）离合器分离轴承与分离杠杆之间的间隙为 2~3 mm，反映在离合器踏板上的自由行程为 20~30 mm。

（2）在离合器操作过程中，应踩踏轻便、无阻滞，松开离合器踏板时应回位良好。

（3）调整完毕后，应该将离合器总泵和离合器分泵上的锁紧螺母锁紧，保障离合器踏板正常的自由行程。

任务 3.2　变速器的维护与保养

3.2.1　变速器齿轮油的型号和分类

1. 国产汽车用齿轮油情况

汽油车，代表车型有奥迪、捷达、富康、桑塔纳、夏利、别克等，用油等级 GL－4 或 GL－5；微型车，代表车型有大发、吉林、长安、昌河、五菱等，用油等级 GL－4 或 GL－5；轻型载货车，代表车型 CA120、BJ130、NJ131、NJ1061、金杯等，用油等级 GL－4。

2. 美国石油学会的车辆齿轮油性能分类

美国石油学会将车辆齿轮油按使用性能分为 GL-1、GL-2、GL-3、GL-4、GL-5 和 GL-6 六类。其性能水平顺序逐级提高。其中,使用较多的是 GL-4 和 GL-5 两类。近年来 API 还提出了两种新使用性能分类规格,一种是 PG-1,适用于重载、高温(可达 150 ℃)手动传动箱(卡车与公共汽车用),另一种 PG-2,适用于有高偏置的重载轴齿轮传动(重型卡车最后一级传动用)。这两种新规格还要求能满足对清净分散性、密封寿命与同步啮合腐蚀极限的更高要求。

由于 GL-1、GL-2、GL-3 都已属于淘汰型号,因此下面主要介绍 GL-4、GL-5 齿轮油。

(1)GL-4。在高速低扭矩,低速高扭矩下操作的各种手动变速箱、螺种齿轮,特别是客车和其他各类车辆用旋伞齿轮和使用的双曲线齿轮,规定用 GL-4 类齿轮油。

(2)GL-5。在高速冲击负荷,高速低扭矩操作下的各种齿轮,特别是客车或苛刻的其他车辆用的双曲线齿轮,规定用双曲线齿轮及其他 GL-5 类齿轮油。

(3)GL-6。在高速、冲击负荷下工作的各种齿轮,特别是客车和各类车辆用的高偏置双曲线齿轮(偏置量大于 2.0 in 或接近大齿圈直径的 25%)规定用 GL-6 类齿轮油。

3. 齿轮油的组成

齿轮油简单说就是由基础油及添加剂组成。其性能的优异和选择机油一样,要看基础油是何类型。

常用于调配齿轮油的基础油有 500SN、650SN、150BS、200BS 等,有的还采用合成油如 PAO、聚醚等调和,一般 GL-4、GL-5 级的 85W/90、85W/140 及 90、140 油采用普通矿油调和则可,GL-4、GL-5 的 75W/90、80W/90 则需要用合成油调和。

一般厂家手册上都是介绍终生不用更换手动变速箱齿轮油,如果一定要尽善尽美,建议家庭用车如果需要更换手动变速箱齿轮油,尽量使用 API 75W-90 的 GL-4、GL-5 的全合成型齿轮油。此类全合成机油,包括美孚、壳牌、福斯、长城都有相应的牌号,需选择使用。

变速器在使用中,由于变速器渗漏等原因,会引起齿轮油减少,并润滑油的质量也在渐渐变差,因此,应按照维修手册上的定期检查周期,对润滑油数量和质量进行检查。

变速器齿轮油保障了变速器内齿轮、轴承的润滑和零件的冷却散热,在使用过程中,变速器齿轮油润滑性能会逐渐降低,出现浑浊、掺杂其他杂质和颜色逐渐变深等现象,因此,应按维修手册上要求的更换周期,定期更换齿轮油。

3.2.2 表变速器常见故障的诊断与排除

1. 故障现象:变速器跳挡

故障原因:

(1)换挡杆调整不正确。

(2)齿轮或齿套牙齿磨损成锥形。

(3)轴、轴承或齿轮磨损松旷或轴向窜动过大。

(4)叉轴的定位凹槽或定位球磨损,定位弹簧折断。

(5)同步器锁环锥面磨损、变形或损坏。

(6)变速槽与发动机连接螺栓松动或紧度不一致。

排除方法:

(1)检查、调整。

(2)更换齿轮。

(3)更换轴承、轴或齿轮,轴向窜动大,应进行调整。

(4)更换损坏件。
(5)更换同步器锁环。
(6)按规定扭矩拧紧。

2.故障现象:变速器发响

故障原因:
(1)变速器缺油或油变质。
(2)轴承磨损或损坏。
(3)齿轮啮合不良,修理时没有成对更换齿轮。
(4)齿面疲惫脱落或牙齿损坏。
(5)同步器磨损或损坏。
(6)变速器内掉有异物。

排除方法:
(1)更换润滑油。
(2)更换轴承。
(3)重新更换成对齿轮。
(4)更换齿轮。
(5)更换同步器。
(6)分解变速器,取出异物。

3.故障现象:变速器乱挡

故障原因:
(1)变速杆定位销磨损松旷、丢失。
(2)互锁销磨损。
(3)变速杆下端拨球磨损。

排除方法:
(1)更换定位销。
(2)修复或更换变速杆。

4.故障现象:换挡困难

故障原因:
(1)离合器分离不彻底。
(2)叉轴弯曲,叉轴与孔锈蚀。
(3)操纵杆调整不当。
(4)同步器损坏。

排除方法:
(1)查明原因,予以排除。
(2)清洗、校正叉轴。
(3)正确调整操纵杆。

3.2.3 齿轮油更换流程

(1)变速器齿轮油数量的检查。
①将车辆用提升机提升到最高位置。
②清除加油塞周围的油污,拧下加油塞,要求变速器内齿轮油的油面与加油口下边缘齐平或将手

指插入加油口,以能探到油面为准。

③按规定力矩拧紧加油塞。

(2)变速器齿轮油质量的检查。

①取出少许齿轮油,观察颜色,齿轮油不允许有颜色变深、结块、浑浊和金属屑脱落等现象出现。

②闻齿轮油气味,齿轮油不得有烧焦的异味。

(3)车辆行驶一段路程后,变速器油温升高,将车辆举升到最高位置,先拧开变速器上的加液盖,再拧下变速器的放油螺栓,将齿轮油放出,如图3.6所示。

(4)待油液放完后,清除放油螺塞磁性材料上吸附的杂质和金属屑,根据放油螺塞上吸附的金属屑的多少,判断齿轮、轴承的磨损状况。

(5)更换放油螺塞上的O形密封垫圈,按规定力矩将变速器放油螺塞拧紧。

(6)用专用的齿轮油加注器将齿轮油加入变速器,直到液面与加油口齐平,停止加油,如图3.7所示。

(7)拧上加油螺塞,放下车辆,操作完毕。

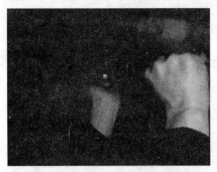

图3.6 变速器齿轮油的放出

图3.7 齿轮油的加注

任务3.3 轮胎的维护与保养

3.3.1 车轮常规保养

1.轮胎的标识

按国家标准规定,在外胎的两侧要标出生产编号、制造厂商标、尺寸规格、层级、最大负荷和相应气压、胎体帘布汉语拼音代号、安装要求和行驶方向记号等。

例如:轮胎编号 195/65R 14 89H。

195——轮胎与地的接触面宽为 195 mm。

65——胎厚(高)占胎宽的百分比数;一般称为扁平比(高宽比)195×65%=127(即胎高是127 mm)。

R——Radial 辐射胎(子午线结构)。

14——轮毂直径为 14 in。

89——载重标示;从 62(265 kg)~121(1 450 kg)(单轮)。

H——安全速限的代号。

2.轮胎气压检查

轿车各轮胎标准气压值可查询车主手册或者直接从油箱盖内侧的标签上读出,如图3.8所示。要注意的是,轮胎气压的检查应在轮胎冷却后进行。

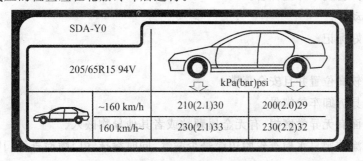

图3.8 轮胎气压检查

3.轮胎花纹深度检查

轮胎花纹深度检查可以通过观察与地面接触的轮胎表面的胎面磨损指示标记轻易检查胎面花纹深度。更专业的是使用一个轮胎深度规测量轮胎的胎面深度,如图3.9所示。

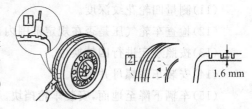

图3.9 轮胎花纹深度检查

4.轮胎换位

由于各轮胎工作条件和负荷不相同,轿车行驶一般前轮负荷大于后轮,如果驾驶位置在左侧,那么在通常情况下,汽车向左转时的车速会大于向右转弯时的车速,导致汽车右侧的轮胎在左转弯时受到的压力大于左侧轮胎。

因此,应按汽车保养规定及时进行轮胎换位,特别是新车初驶后的换位,对轮胎的使用寿命影响很大。

5.换位周期

根据驾驶者不同的驾驶习惯和驾驶路线,应参照汽车自带的保养手册定期进行轮胎换位。轮胎换位间隔一般新车为10 000 km,以后每行驶5 000～10 000 km进行一次轮胎换位。

6.换位方法

子午线轮胎应保持在车辆的同一侧使用,即保持相同的旋转方向,可采用图3.10所示的方法进行换位。子午线轮胎的旋转走向是固定的,如果旋转方向弄反了,会使车辆失去操纵稳定性,使汽车行驶不顺并产生振动。

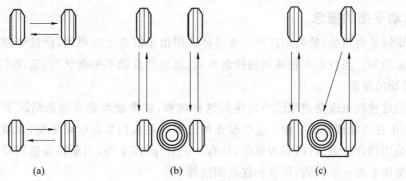

图3.10 换位方法

7.车轮换位流程

(1)安装车轮挡块。
(2)安装车内三件套及车外三件套。
(3)释放驻车制动杆。
(4)在车轮上做好标记。
(5)预松车轮。
(6)车辆举升到较高位置并且安全落锁。
(7)使用组合工具拆卸车轮螺母。
(8)检查车轮表面有无异常磨损,有无金属颗粒或者其他异物嵌入。
(9)在轮胎边缘涂抹肥皂水检查轮胎边缘是否漏气,同时涂抹气门嘴检查气门嘴是否漏气。
(10)目视检查钢圈有无变形或者腐蚀,配重有无丢失。
(11)测量四轮花纹深度。
(12)检查车轮气压是否在规定范围内。
(13)按照规定进行四轮换位。
(14)安装车轮螺母并预紧。
(15)车辆下降至地面,安装车轮挡块。
(16)使用扭力扳手按照标准力矩紧固四个车轮。
(17)收起汽车防护套,放在指定位置。
(18)收起车轮挡块,并清洁车身。
(19)清洁工具及场地。

8.技术参数

车轮螺母紧固顺序如图3.11所示。

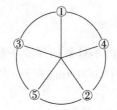

图3.11 车轮螺母紧固顺序

3.3.2 车轮动平衡

1.汽车动平衡的概念

汽车的车轮是由轮胎、轮毂组成的一个整体。但由于制造上的原因,使这个整体各部分的质量分布不可能非常均匀。当汽车车轮高速旋转起来后,就会形成动不平衡状态,造成车辆在行驶中车轮抖动、方向盘抖动的现象。

为了避免这种现象或是消除已经发生的这种现象,就要使车轮在动态情况下通过增加配重的方法,使车轮校正各边缘部分的平衡。这个校正的过程就是人们常说的动平衡,也就是通常所说的加装平衡块。它是用铅合金做成,以克为单位,计有5 g、10 g、15 g等,当车轮高速转动是就会产生很大的离心力。平衡块上有一个钢钩,可嵌扣在轮圈边缘上。

2.需要做汽车动平衡的情况

行车过程中发现车辆高速行驶时方向盘抖动或是车轮出现某种有节奏的异响时,就有可能是车轮该做动平衡了,尤其是当更换轮胎、轮毂或是补过轮胎后,车轮受过大的撞击,由于颠簸导致平衡块丢失等都应该对车轮做动平衡。别小看了车轮的动平衡,也别小瞧了那一块块不起眼的小铅块,如果车轮动平衡不好,会造成轮胎的异常磨损,也会影响车辆的稳定。特别是前轮,振动会通过转向系传到方向盘,不但影响驾驶,严重的还会导致转向系的松旷。

3. 如何正确保养轮毂

如果车子已经行驶一段时间,平常也不勤于清洁保养,轮毂上会形成咖啡色结焦,这个时候需要用强力轮圈清洁。

当汽车高速行驶一段时间后,轮毂温度会升高,应该让其自然冷却后才能进行清洗,否则会使铝合金轮毂受损,甚至会使制动盘变形而影响制动效果。另外,高温时用清洁剂清洁铝合金轮毂,会使轮毂表面发生化学反应,失去光泽影响美观。当轮毂表面沾有柏油时,如果一般的清洁剂无法清除,可选择使用毛刷进行清洁,不可使用钢丝刷,以免损伤轮毂表面。

车辆停靠时注意车轮和马路边缘之间的距离,防止轮毂划伤而影响美观,定期检查轮毂平衡块有无丢失,有无划伤。

4. 车轮动平衡操作流程

(1) 取下安装在轮辋内边缘的平衡块,使用一字螺丝刀取下粘在轮辋上的平衡块。
(2) 使用轮胎气压表检查轮胎气压是否符合要求。
(3) 选择与车轮中心孔匹配的轴心定位锥体,安装在平衡旋转轴上。
(4) 旋紧动平衡机,快换螺母,将车轮锁紧。
(5) 打开主机箱后部的电源开关,让控制面板上的指示灯全部点亮。
(6) 从主机箱右侧拉出测量尺,测量主机箱到轮辋之间的距离并且输入。
(7) 使用宽度尺测量轮辋边缘间的宽度值并且输入到控制面板内。
(8) 查找位于轮胎侧面的轮胎规格,在控制面板内输入轮辋直径。
(9) 按下启动开关数秒后平衡轴停止旋转,控制面板上显示不平衡量。
(10) 缓慢转动轮胎,当其中一组不平衡点定位指示灯全部点亮时,停止转动轮胎,根据显示器显示的不平衡量选择相应的平衡块粘接在距轮辋外侧 25 mm 处。
(11) 根据显示器显示的数值,将相应质量的平衡块用拆装钳安装在轮辋内侧最高点边缘上。
(12) 再次启动平衡机,如果两侧的不平衡量显示都为 0,则表示合格,如果还有偏差,则需要继续上面的步骤。
(13) 取下动平衡机,快换螺母,取下定位锥体并清洁。
(14) 安装车轮装饰罩,并将车轮安装在汽车上。

3.3.3 车轮定位

(一) 四轮定位的定义

车轮定位就是通过一些参数来精确定位车轮与转向节、车架之间的相对位置,以实现更理想的车辆直线行驶稳定性、转向便利性(转向轮)及减小轮胎和机件的磨损。最理想的状态是,车辆在加速、制动及转向时,四个车轮都能够保持垂直于路面的状态,即与路面保持最大的接触面积。

(二) 四轮定位角度的定义

1. 主销后倾角

从车辆侧面看,主销轴线(车轮转向的中心轴)并不是完全垂直于地面,而是略向后倾斜,主销轴线与垂线之间存在的夹角便是主销后倾角。主销后倾的存在使车轮在转向时,与路面接触的轮胎胎面左、右两侧及轮胎侧壁会发生挤压变形,产生反向的作用力,使车轮产生自行回正的趋势,主销后倾角越大,车轮的行驶稳定性越好,回正作用越明显,但是相应的转向时转动方向盘也就越费力。

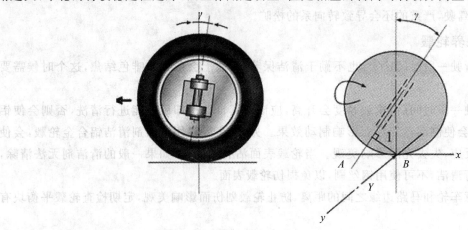

图3.12 主销后倾

2.车轮外倾

作用:增大轮胎接触面,抵消不良影响。

定义:车轮外倾指车轮由中心线向外倾斜,车轮旋转平面与纵向垂直平面间的夹角便是车轮外倾角。如图3.13所示。

如果车辆在空载状态下保持车轮垂直于路面的状态,那么当加上负载甚至满载时,由于悬架行程压缩及变形、活动面间隙减少,车轮便会呈现"八"字的"内倾"状态,使轮胎磨损增加,并且对轮毂轴承造成较大负担,为了减少这种影响,人们便设计了"车轮外倾"这个提前量来抵消"内倾"的出现,这样在车辆加上载荷之后,车轮便能以更好的角度与路面接触,减少偏磨和轴承的负担。不过,过大的外倾角也会导致轮胎的横向偏磨增加,不少车主所说的"啃胎"就与原厂的车轮外倾角设定不合理有关。

但是,并不是所有的车辆都是用车轮外倾的设计,很多高性能车、赛车和改装车的设定就是"八"字的"负外倾"(内倾)状态,因为高性能车辆更多的是考虑到车辆高速过弯时离心作用造成的影响,车轮在弯道当中高速行驶时,由于离心作用造成的轮胎变形并产生外倾的趋势,使得轮胎只有外侧能够与路面接触。因此工程师用初始的"内倾"设定来抵消这种不良影响,这样一来,这些高性能车辆在弯道当中就能够更多地利用到轮胎中部甚至内侧胎面,增大接触面积,提升过弯的极限。

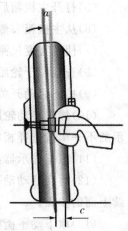

图3.13 外倾角的定义

3.前束

作用:能够抵消因外倾导致的两侧车轮向外张。

前束状态下造成的两侧车轮向内侧的滑动也会与外倾导致的滑动相抵消,使车轮基本能够以无滑动的方式平行向前滚动。而车轮前端距离大于后端时,称之为负前束或前展,这种设定是为了抵消车轮内倾带来的不良影响,同样是为了车轮能够平行地向前滚动。

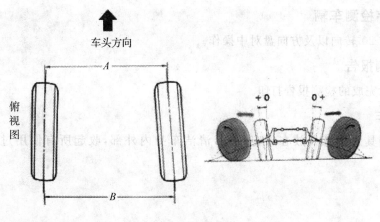

图 3.14 前束

3.3.4 操作步骤

1. 车辆停放位置检查

检查车辆是否停放在前、后滑板的中间位置,前、后滑板是否处于锁止状态。

2. 车辆识别

记录车辆型号、生产年月、VIN 码及轮胎气压数据。

3. 准备工作

安装汽车内防护套,拉起驻车制动杆,安装车轮挡块,检查方向盘是否处于中间位置。

4. 建立车辆档案信息

打开定位仪程序后进入"客户选择"页面后输入用户和车辆信息。

5. 检查车轮和轮辋

检查四轮型号是否一致,花纹深度差是否超过 2 mm,四轮气压是否在标准值范围内,进入车辆型号选择页面完成相关数据填写。

6. 检查车辆承载

检查油箱液位是否在最高位,备用轮胎是否安放到位,驾驶舱是否空载。

7. 车辆状况输入

打开车辆状况页面,输入调整后的胎压值和轮胎花纹深度值。

8. 底盘检查

举升车辆检查车辆悬架每个重要零件的工作情况。

9. 定位仪准备

举升机下降至离地面 1 m 时锁止举升机,安装四轮传感器夹具及传感器,注意车辆左侧为 1 号和 3 号传感器,右侧为 2 号和 4 号传感器同时启动传感器检查传感器是否正常工作。

10. 轮毂补偿

根据提示调整传感器水平后,一人固定车轮,一人完成单个前轮补偿,完成补偿值计算后插入前、后滑板锁销。

11. 调整前的检测准备工作

举升机降至地面后,按压前、后减震器数次使减震器复位,安装刹车锁。注意,在安装刹车锁时一定要先用脚踩住刹车踏板,将其踩到底后,刹车锁一端在制动踏板上,另外一端卡在座椅上。

12. 按照程序检测车辆

分别完成左右 20°转向以及方向盘对中操作。

13. 打印检测报告

根据电脑提示完成的检测报告打印。

14. 复位操作

取下传感器卡具及传感器放在指定位置,清洁车身内外部,收起所有使用过的工具并且清洁干净。

任务 3.4 转向系的维护与保养

3.4.1 转向系认识

(一)转向系对汽车行驶的影响

如果单从转向操纵灵敏度的角度来说,我们是希望最好转向盘和转向节的运动能同步开始并同步终止。也就是驾驶员在进行转向操作时,汽车能够马上作出相应的转向动作,这样整个车辆的操作灵敏度较高,对于障碍物的躲避能力和转过弯道时的反应速度,都会得到显著的提升。然而,这在实际上是不可能的。因为在整个转向系中各传动件之间都必然存在着装配间隙,而且这些间隙将随着零件的使用,零件间的磨损会加剧,导致间隙值增大。而且,从另一个方面说,方向盘的反应过于灵敏,也会导致驾驶员在驾驶的过程中注意力要高度集中,尤其是在高速行驶的过程中,方向盘稍微有所偏移就导致车辆迅速驶离原行驶路线,使得驾驶员疲劳程度大幅提高,降低行驶的舒适性和安全性。所以,车辆的转向系都是需要一定的方向盘自由行程的。

图 3.15 所示为转向系的组成示意图。汽车转向系一般都是由转向操纵机构、转向器和转向传动机构三个基本部分组成。

转向操纵机构是驾驶员操纵转向器的工作机构,主要由转向盘、转向轴、转向柱管等组成。

转向器是将转向盘的转动变为转向摇臂的摆动或齿条轴的直线往复运动,并对转向操纵力进行放大的一种特殊的减速机构。转向器固定在汽车车架或车身上,转向操纵力通过转向器后一般还会改变运动方向。

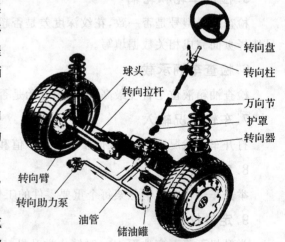

图 3.15 转向系的组成

转向传动机构是将转向器输出的力和运动传给车轮(转向节),并使左、右车轮按照一定的关系进行偏转的机构。

其中,在转向盘转动过程的开始阶段,驾驶员对转向盘所施加的力矩很小,因为只是用来克服转向系内部的摩擦,使各传动件运动到其间的间隙完全消除。故可以认为这一阶段是转向盘空转阶段。此后,才需要对转向盘施加更大的转向力矩以克服经车轮传到转向节上的转向阻力矩,从而实现使各转向轮偏转的目的。转向盘在空转阶段中的角行程称为转向盘自由行程。转向盘自由行程对于缓和路面冲击及避免使驾驶员过度紧张是有利的,但不宜过大,否则将使转向灵敏性降低。

汽车每行驶12 000 km左右,应该对方向盘的自由行程进行检查,检查方法可以通过测量移动距离或者移动角度两种方式来实现,具体步骤如下:

(1)启动发动机(机械转向系则无需启动发动机)。

(2)转动方向盘使前轮处于直线行驶位置,即正中位置。

(3)测量移动距离的方法,轻轻转动方向盘,在转向轮就要开始移动时(或感觉到有阻力时),使用直尺测量转向盘外缘的移动量,一般为15～20 mm。

(二)转向系统常见故障

1.故障现象

汽车在行驶中驾驶员向左、向右转动转向盘时,感到沉重费力,无回正感;当汽车低速转弯行驶和调头时,转动转向盘感到超乎正常沉重,甚至打不动。

故障原因除了转向器等故障外,转向桥部分的故障原因有:

(1)转向节臂变形。

(2)转向节止推轴承缺油或损坏。

(3)转向节主销与衬套间隙过小或缺油。

(4)前轴或车架变形引起前轮定位失准。

(5)轮胎气压不足。

(6)转向器轴承装配过紧。

(7)传动副啮合间隙过小。

(8)横、直拉杆球头销装配过紧或接头缺油。

(9)转向轴或主管弯曲,相互摩擦或卡住。

(10)转向装置润滑不当,前束调整不当。

2.故障诊断与排除

(1)由于导致转向沉重的故障因素很多,诊断时应首先判明故障所在部位,然后再进一步确定是哪一个部件。

(2)拆下转向臂,转动转向盘,如感觉沉重,则应调整轴承紧度和传动副啮合间隙。若有松紧不均或有卡住现象,则应拆下转向轴检查传动副及轴承有无损坏,转向轴与主管有无摩擦或卡住现象,必要时进行修理或更换。

(三)低速摆头和转向不稳

1.故障原因

(1)转向节臂装置松动。

(2)转向器轴承过松。

(3)传动副啮合间隙过大。

(4)横、直拉杆球头销磨损严重。

(5)转向节主销与衬套磨损严重,配合间隙过大。

(6)前轮毂轴承松旷;前轴弯曲;轮毂轴承间隙过大。

(7)车架轮辋变形;前束过大;轮毂轴承间隙过大。

(8)转向主销与衬套磨损而松旷,配合间隙增大。

(9)轮毂轴承间隙过大。

(10)前束过大;轮毂螺栓松动或数量不全。

2.故障诊断与排除

(1)一人转动转向盘,另一人在车下查看传动机构,如转向盘转了许多而转向臂不动,则故障在转向器;如转向臂转动了许多而前轮并不偏转,则故障在传动机构。

(2)如果故障在转向器,应检查传动副啮合间隙,必要时进行调整。

(3)如果故障在传动机构,应检查转向臂和直、横拉杆各球头是否松旷,必要时进行调整。

(4)经检查上述情况良好,则应架起前轴用手推动车轮,检查转向节主销与衬套及前轮毂轴承。

(四)方向盘自行程调整

1.方向盘自间隙的检查

将车辆停稳,向一侧轻轻转动方向盘至手感阻力增大,车轮刚想摆动,但还没产生摆动,停止转动方向盘,此时在方向盘上任意一点做标记,然后向相反的方向转动方向盘至手感阻力增大,车轮刚要摆动,但还没产生摆动,停止转动方向盘,方向盘上标记点所转过的角度,就是方向盘自由行程(尝试用两种方法测量方向盘的自由行程),这个行程一般用角度表示。一般说来,转向盘从相应于汽车直线行驶的中间位置向任一方向的自由行程最好不超过 10°～15°或者 15～20 mm。当零件磨损严重到使转向盘自由行程超过 25°～30°时,必须进行调整。

2.自由行程形成的原因

自由行程形成的原因主要由以下几个方面:各连接件之间的间隙;转向器内齿轮的传动间隙。调整前,应检查转向器、转向垂臂、联轴节、转向拉杆和转向节各处固定或连接部位是否松动,必要时应调整或紧固。在调整方向盘的自由行程时,通常是以调整转向器传动副的啮合间隙来实现。

3.4.2 更换转向助力液

1.正确使用助力转向系

由于助力转向系具有转向轻便和响应性好等优点,故已经在汽车上广泛使用。但是,固定助力效果的助力转向系统具有明显的缺点,虽然这种转向系的助力效果在车速较低时能够起到很好的作用,但是当车速不断提高时,固定的助力效果会使转向盘过于灵敏,不利于驾驶者对方向进行控制。"把方向盘打死",是很多人在学车听到教练常说的一句话。但目前大多数新车都已安装助力转向系,在车辆转弯时,如果将方向盘长时间打死,会造成助力泵油压瞬间过高,导致泵体皮碗破裂,毁坏助力泵,最终导致车辆转向助力系失灵,方向盘转动沉重。

现在,有些车型加装了转向过度保护系,如果汽车方向盘打死超过了 5 s,那么发动机会自动熄火,从而达到对转向助力系统的保护作用。因此,车主在方向盘转向打到极点之后,只需稍稍回一点,就可以避免助力液压力过大的问题,从而保护车辆助力转向系。

2.转向助力液更换流程

在现代的中档汽车中,为了驾驶舒适性,大多装有助力转向装置,一般分为电动助力转向装置和液力助力转向装置。装有液力助力转向装置的汽车,需要专用的助力转向油,在使用一段时期后,因为运转研磨和吸水油脂会老化变质,导致助力转向卡滞损坏。要保证汽车正常使用,需要定期定时更换专用的助力转向油,一般更换周期为两年或 4 万 km。

将旧油彻底排尽,对保持助力转向系的干净很重要。如何正确更换助力转向油的操作技巧,是维修质量的保证。

(1)制作排油延长管,如图 3.16 所示。

(2)用抽油机或注射器清空储油壶,如图3.17所示。

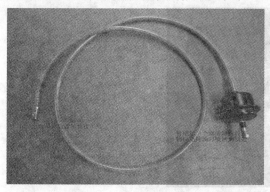

图3.16 排油延长管

图3.17 排油机

(3)断开助力转向油油排管,助力转向油储油壶,一般接有进、排各两油管,较细的油管是排油管,如图3.18所示。

(4)接上排油延长管,如图3.19所示。

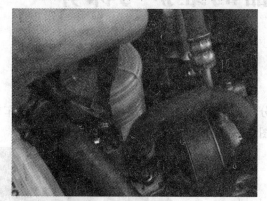

图3.18 排油管

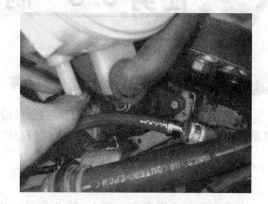

图3.19 接上排油延长管

(5)堵住储油壶的油排管口,启动汽车,一边排油一边加入新油,如图3.20所示。

(6)用容器接废油,妥善处理,不要对环境造成污染,如图3.21所示。

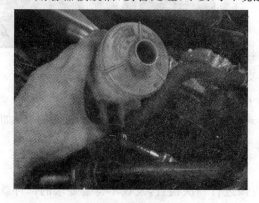

图3.20 堵气排油管口

图3.21 容器接油

(7)接上排油管,将油加到适中,如图3.22所示。

注意事项:

(1)转向助力油含有致癌物质,如果沾到皮肤应及时清洗干净。

(2)转向助力油有腐蚀性,可能导致油漆失去光泽,也会导致橡胶配件老化。如有沾应及时清洗。

（3）配有液力转向助力系的汽车，在使用过程中避免方向打死，长时间那样会烧蚀助力转向油泵。

图 3.22　接上排油管加油

任务 3.5　制动器的维护与保养

3.5.1　盘式制动器的维护与保养

盘式制动器适用于前轮驱动的车辆上，目前大部分轿车的前、后轮均采用盘式制动器。盘式车轮制动器由旋转元件（制动盘）、固定元件（钳盘）组成。图 3.23 所示为钳盘式制动器。

1. 盘式制动器的分类

（1）全盘式制动器。

在重型和超重型载货汽车上，要求有更大的制动力，为此采用了全盘式制动器。全盘式制动器摩擦副的固定元件和旋转元件都是圆盘形的，分别称为固定盘和旋转盘，全部工作面可同时与摩擦片接触，其结构原理与摩擦离合器相似。

（2）钳盘式制动器。

钳盘式制动器主要由制动钳和制动盘组成。制动衬块及其促动装置都安装在横跨于制动盘两侧的夹钳形支架中，总称为制动钳。钳盘式制动器的制动钳为固定元件，制动盘为旋转元件。

图 3.23　钳盘式制动器

钳盘式制动器以制动钳固定在支架上的结构形式分为固定钳盘式和浮动钳盘式两种，如图 3.24、3.25 所示。

2. 盘式制动器的检查

盘式制动器每 15 000 km（通常的常规保养期限）应该进行一次检查，发现不符合要求的部件就需要及时更换，避免影响行车安全。盘式制动器的检查主要包括对制动盘和制动钳的检查。

（1）制动盘的检查。制动盘的工作表面有轻微的锈斑、划痕和沟槽，可用砂纸砂磨清除。当工作表面有严重磨损或划痕、裂纹时，应对制动盘进行车削加工（现在一般不采用）或更换新的制动盘。测量制动盘厚度时应将千分尺置于制动盘外边缘 13 mm 处测量，并且根据维修手册判断制动盘厚度是否合格，如图 3.26 所示。

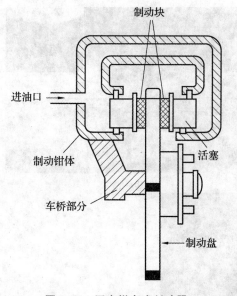
图 3.24 固定钳盘式制动器

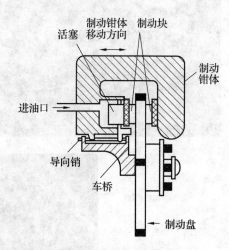
图 3.25 浮动钳盘式制动器

（2）制动摩擦衬块磨损的检查。制动衬块根据车辆行驶里程检查其厚度，大多数车辆的制动钳都设有检查口，以便观察衬块的厚度，可以通过游标卡尺的深度测量功能直接测量制动块的厚度。大部分车辆的前、后轮制动摩擦衬片厚度（包括后板）磨损极限为 7 mm，当摩擦衬片厚度（包括后板）只有 7 mm 时，必须更换摩擦片，如图 3.27 所示。

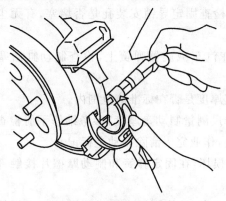

图 3.26 制动盘厚度的检查　　图 3.27 磨损指示器

3. 用肉眼判别制动片是否合格

一个新的制动片厚度一般在 1.5 cm 左右，随着使用中不断摩擦厚度会逐渐变薄。专业的技术人员建议，当肉眼观察制动片厚度已经仅剩原先 1/3 厚度（约 0.5 cm）时，车主就要增加自检频率，随时准备更换了。当然个别车型由于轮毂设计原因，不具备肉眼查看的条件，需要拆卸轮胎才能完成。图 3.28(a) 所示为一个新的刹车片，厚度为 1.5 cm 左右；图 3.28(b) 所示，此标记为 2 mm，刹车片厚度与其持平，必须立即更换；图 3.28(c) 所示，从黄色区域来看，这辆车的刹车片还很新，暂时不需要更换。

4. 制动片更换流程

（1）将车辆停放在举升机中央，找到举升点。

（2）安装车轮挡块，预松车轮螺母（注意对角预松），切忌用按压的方式预松，防止受伤。

（3）将车辆举升到车轮顶部于肩位置，在车轮和车轮螺栓上做好标记，以便下次按照原来位置复装。

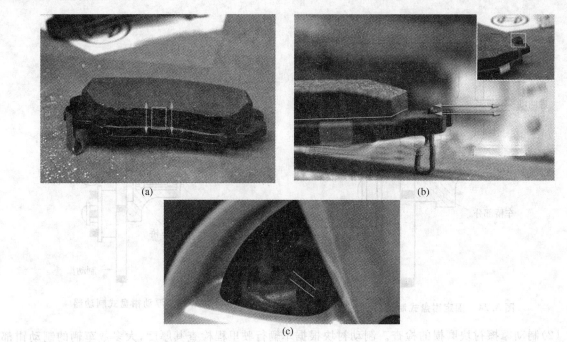

图 3.28 制动片

(4)目视检查制动盘有无沟槽裂纹或者损坏,检查制动液压管路是否漏油,制动导销防尘套有无损坏。

(5)用快速扳手和套筒组合拆卸制动导销固定螺栓,检查固定导销安装孔是否堵塞,有无尘土或者异物。

(6)拆下制动摩擦片,将制动卡钳总成用铁钩固定在汽车减震器弹簧上,检查制动缸活塞是否漏油。

(7)测量制动盘内侧、外侧厚度,根据维修手册判断其厚度是否在标准值范围内。

(8)在制动盘外边缘13 mm处做好标记,使用游标卡尺测量制动盘厚度,参考维修手册检查厚度是否在标准值范围内,判断制动盘是否需要修理或者更换,作业完毕清除制动盘标记。

(9)取下制动片固定弹簧,检查固定弹簧有无弯曲变损坏,在固定弹簧和制动摩擦片接触部位涂抹耐高温润滑脂。

(10)安装制动盘固定弹簧,安装制动片,安装制动钳总成,并使用扭力扳手将导销固定螺栓紧固至标准力矩。

(11)按标记安装车轮,安装车轮螺母,预紧车轮螺母,注意对角交叉预紧固。

(12)将车辆降至地面,使用扭力扳手进行二次紧固,力矩参照维修手册。

(13)整理工具,清洁地面。

3.5.2 制动液的更换

(一)制动液相关知识

按照《机动车辆制动液》(GB 12981—2003),将制动液分为HZY3、HZY4、HZY5,分别对应国际上的DOT3、DOT4、DOT5。制动液级别有高低,消费者在选择制动液时是否是级别越高越好呢?制动液级别越高,安全保障性越好。一般情况下,微型、中低档汽车适宜选取符合HZY3标准的制动液,而中高档车建议选择HZY4标准的制动液。当然,微型、中低档汽车选择HZY4也没有任何问题,而且更好。几乎每个辆汽车的制动液储液罐盖上都会提示用户选择什么样型号的制动液,如图3.29所示。制动液更换周期一般为50 000 km或者两年。

图 3.29 制动液

(二)制动液更换流程

汽车使用的制动液多为醇醚类化合物或酯类油,由于其具有一定的吸湿性,在使用一段时间后,会因吸入水分而使其沸点降低,易在制动时形成气阻,使制动失灵。因此应在到规定的使用期限(两年)时更换制动液。制动液对汽车漆膜有溶解作用,更换制动液时应特别注,如果沾染了制动液,要立即清洗干净。

1. 放出旧制动液

启动发动机并保持其怠速运转,拧下制动储液罐的加液口盖。在分泵放气螺钉上套上一根透明塑料管,将管的另一端放入一装有制动液的容器内。拧松放气阀,连续踩下制动踏板,直到制动液不再流出为止,拧紧放气阀,然后将储液罐内加入足量的同种制动液。

2. 排放液压管路内的空气

排气时,应按由远至近的原则,按制动管路分布情况对各轮缸进行放气。放气作业由两人配合进行,一个人在驾驶室内连续踩动制动踏板,使踏板位置升高并保持踩下踏板不动。此时在车下的另一个人拧松放气阀,使管路中的空气和制动液一同排出。当踏板位置降低时,立即拧紧放气阀。如此反复多次,直到塑料管内没有气泡排出为止。拧紧放气阀并装好防尘套。按上述方法依次对其他轮缸进行放气。

在排气时应一边排除空气,一边检查和补充制动液,以免空气重新进入制动管路,直到空气完全排放干净为止,将储液罐的制动液补充到规定位置。

3. 使用专用换油机更换制动液

将换油机连到制动液储液罐上,将踏板压具压在制动踏板和驾驶员座椅之间,使制动踏板被压紧。再按由远至近(即按制动主缸、右后轮、左后轮、右前轮、左前轮)的顺序打开放气螺塞,让制动液从每个轮缸中流出,总流出量为 0.5 L,然后扭紧各放气螺塞。制动液更换完毕后,将换油机从制动液储液罐上取下,拆下踏板压具,用力踩几次制动踏板,检查制动状况。

当排气作业结束后,将储液罐制动液补充到上限位置,装好储液罐盖并擦净油污。试车检验制动性能,同时检查各部位有无漏油现象。如果在检查过程中制动踏板发软,则表明制动系统内的空气没有完全排净,因此需要重新进行排气作业。

4. 注意事项

在进行排气作业或检查补充制动液后,应注意拧紧储液罐盖,尽量缩短制动液接触空气的时间,以防制动液接触空气,吸收空气中的水分,降低制动液性能。

补充制动液时,液量不得超过上限(MAX)刻线。制动液不能与其他品种混用。

课后练习

说明:每位学生应在工作任务实施前独立完成准备工作。

一、填空题

1. 汽车行驶_____km,应对方向盘的自由行程进行检查。
2. 方向盘自由行程一般为_____mm。
3. 离合器操纵机构作用是_____。
4. 离合器操纵机构分为_____和_____两类。
5. 离合器由_____、_____、_____、_____、_____及_____组成。
6. 液压式离合器操纵机构液压油与_____共用。只有少数车型单独设置离合器液储液壶。
7. 车轮日常保养包括_____、_____及_____。
8. 车轮换位的周期为_____。
9. 当出现_____情况时表示需要做动平衡。
10. 主销后倾角的作用是_____,前束的作用是_____,车轮外倾角的作用是_____。
11. 制动盘厚度检查时,应将千分尺置于距外边缘_____mm处进行测量。
12. 拆卸制动钳时应使用_____将制动钳固定,防止制动软管扭曲变形造成制动液泄漏。
13. 制动片磨损极限为_____mm。如果汽车行驶过程中出现金属摩擦声音,则有可能是_____。
14. 制动液分为_____、_____及_____三种。
15. 制动液更换时,必须按照_____的顺序进行排空气操作。
16. 检查制动钳时应检查制动导销是否正常滑动,并且涂抹_____。

二、问答题

1. 简述方向盘自由行程测量流程。
2. 简述汽车转向助力液更换流程。
3. 简述车轮动平衡流程。
4. 简述制动片更换流程。

模块 4

汽车电气设备的维护与保养

【知识目标】

1. 理解汽车常用电气设备的保养知识。
2. 能正确判断电气设备的使用情况。

【技能目标】

1. 能对电气设备进行维护作业。
2. 能通过仪器判断汽车电气工作情况。

【课时计划】

任务	任务内容	参考课时		
		理论课时	实训课时	合计
4.1	蓄电池的维护与保养	1	4	5
4.2	发电机的维护与保养	1	4	5
4.3	启动系的维护与保养	1	4	5
4.4	灯光信号装置的维护与保养	1	4	5
4.5	空调系的维护与保养	1	4	5

共计：25 课时

> **情境导入**
>
> 汽车电气系是发动机的核心组成部分,其工况好坏直接关系到发动机的工作性能,特别是汽车点火系相关零部件的损坏,将影响发动机的正常工作,导致发动机怠速不稳、加速不良、爆震、缺火、油耗增加、尾气排放超标等故障现象发生。随着汽车电子技术的发展,汽车电气的作用越来越重要,因此,汽车专业从业人员必须熟悉或掌握汽车电气系统中各零部件或总成的更换、检测、维护与保养。

任务4.1　蓄电池的维护与保养

4.1.1　蓄电池的正确使用方法

根据蓄电池产生故障的原因和实践经验,蓄电池在使用中应注意"三抓"和"五防"。

(一)三抓

1. 抓及时正确充电

(1)放完电的蓄电池应在24 h内进行充电。

(2)在汽车上使用时,每隔2～3个月进行一次补充充电。蓄电池放电程度冬季不得超过25%,夏季不得超过50%。

(3)带电解液存放时,两个月进行一次补充充电。

(4)在冬季时应保持蓄电池在充足电状态,防电解液结冰。

2. 抓正确使用

(1)不连续使用启动机,每次启动时间不得超过5 s,两次启动间隔15 s以上。连续启动三次无法正常启动,应排除故障后再进行启动。

(2)冬季应对蓄电池采取保暖措施,以减小启动阻力、启动电流和蓄电池的电力亏损。

(3)安装、搬运蓄电池应轻搬轻放,切不可随便敲打或在地上拖拽,车上的蓄电池应固定牢固,防止行驶中造成损伤。

3. 抓清洁保养

(1)保持蓄电池表面清洁,经常清除表面的污物及灰尘。

(2)当蓄电池极柱或通气孔泄漏电解液时,应及时清除并检查极柱是否虚接或发电量过高。

(3)保持通气孔畅通和清洁。

(二)五防

(1)防止过充或充电电流过大。

(2)防止过度放电。

(3)防止电解液液面过低。

(4)防止电解液密度过高。

(5)防止电解液混入杂质。

4.1.2 蓄电池检测维护工具简介

常见的蓄电池检测和维护设备如图 4.1 所示。

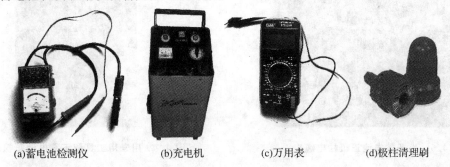

(a)蓄电池检测仪　　(b)充电机　　(c)万用表　　(d)极柱清理刷

图 4.1　常见的蓄电池检测和维护设备

(一)蓄电池的清洁

应经常清洗和检查蓄电池的电缆与接线柱,以防止在连接处出现电压降,电缆连接松动或腐蚀是启动运转无力或不能启动车辆的常见原因。

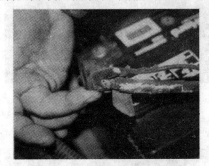

图 4.2　蓄电池电缆连接松动

图 4.3　蓄电池电缆被腐蚀

蓄电池电缆已经被腐蚀接地不良,建议更换接地电缆。在拆卸蓄电池连接线时一定要对极桩上的腐蚀物进行中和,中和时可以使用碳酸氢钠水溶液或氨水(也可采用开水冲洗后涂抹黄油的方法进行简单快速处理)。将接头从极柱上取下。具体步骤如下:

(1)松开蓄电池负极柱电缆夹(图 4.4),用极柱电缆夹拆卸器拆卸负极电缆夹(图 4.5)。

图 4.4　松开蓄电池负极柱电缆夹

图 4.5　用专用工具取下蓄电池负极电缆夹

(2)松开蓄电池正极柱电缆夹(图4.6),用极柱电缆夹拆卸器拆掉正极电缆夹(图4.7)。

图4.6 松开蓄电池正极柱电缆夹　　　　　图4.7 用专用工具取下蓄电池正极电缆夹

(3)拆卸蓄电池压紧构件和所有附件、隔热板(图4.8),从托架上取下蓄电池(图4.9)。

图4.8 拆卸蓄电池压紧构件　　　　　图4.9 从车上取下蓄电池

(4)用极柱清理刷(图4.10)清理蓄电池极柱(图4.11)。

图4.10 极柱清理刷　　　　　图4.11 用极柱清理刷清理蓄电池极柱

(5)把蓄电池装回托架(图4.12),并把压紧构件安装好,安装正极电缆,然后再安装负极电缆(图4.13)。

图4.12 蓄电池装回车上　　　　　图4.13 安装极柱电缆

提示:在维修作业前,应注意收集防盗密码及相关电气系统设定方法,如无法得到密码或设定方法,应为车辆提供备用电源。

(二)蓄电池的技术状态的检测

1.蓄电池的检测流程

正确的检测方法和流程是故障判断的第一步。蓄电池的检测流程如图4.14所示。

2.蓄电池电压测量

免维护蓄电池,可以用开路电压检测取代比重计检测。当蓄电池充电或放电时,蓄电池的电压会略有变化,因此,蓄电池在无负载时的电压可以反映其充电状况。如图4.15所示。

检测蓄电池的开路电压时,蓄电池的温度应为15.5～37.7 ℃。在无负载情况下,蓄电池的电压需要稳定至少10 min。对于需要蓄电池不间断供电维持的计算机控制装置、钟表和附属设备等的汽车,测量蓄电池的开路电压时必须拆开蓄电池的搭铁电缆。对于刚充完电的蓄电池,应接通大负载15 s,消除蓄电池的虚电压,然后使蓄电池达到稳定状态。当电压稳定后,用电压表测量蓄电池的电压,读数应精确到0.1 V。

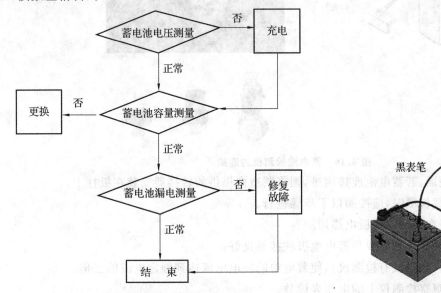

图4.14 蓄电池的检测流程　　图4.15 测量蓄电池电压的方法

对照表4.1判定检测结果,蓄电池开路电压的微小变化就可以反映充电状态的显著变化。

表4.1　检测结果

蓄电池电压/V	充电状态
12.6	100%
12.4～12.6	75%～100%
12.2～12.4	50%～75%
12.0～12.2	25%～50%
11.7～12.0	0%～25%
≤11.7	放电结束

电压测量只能检测蓄电池的充电情况,不能对其性能和容量进行判断。只有通过蓄电池负荷测试才能测试出蓄电池的断格、内阻增大等故障。

3. 蓄电池负荷检测

负荷检测可以确定各种类型的密封式和非密封式蓄电池负荷时的性能好坏,即确定蓄电池提供启动电流和维持足够点火系工作电压的能力。检测蓄电池的负荷时,可以将蓄电池装在汽车上进行,也可以将其从汽车上拆下后进行。检测时,蓄电池必须处于完全充电或接近完全充电状态下,为了取得最好的检测结果,电解液的温度尽可能接近26.7 ℃。对密封式蓄电池,如果电解液温度低于15.5 ℃,就不能进行负荷检测。

(1) 蓄电池检测仪的连接。

蓄电池负荷检测需要使用带有碳极的蓄电池检测仪,这种检测仪的电路连接如图4.16所示。

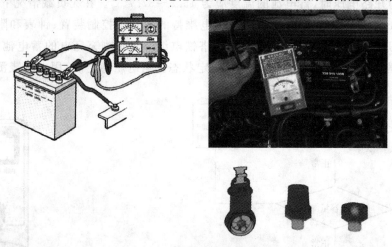

图4.16 蓄电池检测仪的连接

接线极柱在蓄电池侧面,若蓄电池连接困难,则将制造商提供的转接器安装在极柱上。

(2) 对蓄电池进行负载检测时,应按照以下步骤进行。

①必须使感应夹环绕在检测仪负极电缆周围。

②极性要连接正确,确认检测导线与蓄电池极柱接触良好。

③旋转负载控制旋钮(如果没有检测仪),使蓄电池的放电电流达到额定电流的三倍。

④维持负载15 s,并观察检测仪上的电压表读数。

⑤放电15 s后拆开负载。

⑥在21 ℃以上或用检测仪进行温度补偿后,蓄电池放电15 s时的电压不应低于9.6 V。

电流表的读数等于或大于0.25 A,说明存在电流泄漏。检查行李箱、保险盒和发动机舱中的照明灯是否点亮。如果有灯亮着,将其熄灭,然后观察蓄电池的电流泄漏。

如果此时的电流泄漏在规定范围之内,查找照明灯电路接通的原因并对其进行维修。如果电流泄漏的原因不是灯,则应在熔断丝盒或配电板查找原因,每拆掉一个熔断丝,然后观察电流表,如果拆掉某个熔断丝时的电流泄漏减小,那么最后拆掉的熔断丝所保护的电路就是问题源。

(三)蓄电池的更换

现代汽车中大量的使用电子设备,其音响、防盗、导航、电话、天窗、车窗等在断开电源后需重新进行设定和输入密码。所以在断开蓄电池负极时应注意收集密码和设定方法,如无法得到密码或方法,则需向车辆提供备用电源。通过点烟器提供12 V备用电源(图4.17),也可使用专用的汽车电源(图4.18)。

图 4.17　通过点烟器提供 12 V 备用电源　　　　　图 4.18　专用的汽车电源

(四) 蓄电池的充电

根据蓄电池的技术状态不同,充电工艺分为初充电、补充充电和去硫化充电三种。由于现在多采用带储存的免维护蓄电池,无法对蓄电池进行补液或换液,所以不再对初充电和去流化充电方法进行说明。

1. 补充充电

蓄电池使用后的充电,称为补充充电。汽车对蓄电池采用恒充电,只恢复蓄电池容量的 90% 左右。每隔 2~3 个月对车用蓄电池进行一次补充充电,以改善其性能和使用寿命。

2. 快速恒流充电

快速充电器较为常用,用快速充电器对蓄电池充电时,充电效率较高。12 V 蓄电池一般采用 40 A 电流充电,6 V 蓄电池一般采用 70 A 电流充电,以这种电流充电,大多数蓄电池可以在 1 h 左右充足电。但是,蓄电池必须处于能够接受快速充电的良好状态。在快速充电时,如果蓄电池的极板存在硫化,将会导致过度气化、电解液沸腾和热量聚积等问题。在蓄电池出现硫化物聚积或隔板损坏症状时,禁止对蓄电池进行快速充电。

任务 4.2　发电机的维护与保养

4.2.1　发电机维护作业

汽车发电机是汽车电气中的重要部件,它的功用主要有两个:一是供给各用电气的需要;二是给蓄电池充电。要想在汽车行驶中保持发电机恒稳发电状态,应经常性地做好以下保养工作:汽车行驶一定里程后,适当调整发电机皮带的紧度,根据需要再固定校准螺丝,发电机的脚架螺丝应保持一定的紧度。注意轴承的磨损程度,如果发现润滑不足,可从油杯口处滴上数滴机油,注意不能渗入整流器,否则影响电能传递效果。整流器积垢,可用细砂布磨光。电刷接触面不平,可用细砂布打平。弹簧的弹性不足,电刷磨损过多时,均须更换新件。电刷太短而无破损,可用垫片塞入支架,使其与整流器密合。电刷支架绝缘体损坏,需要另配新件。发电机的极柱松动,必须马上紧固,如果是绝缘不良,应拆下进行修整。

发电机在中途发生故障,而距目的地不太远时,可将由磁场线圈通向电压调节器的导线拆掉,如是三刷发电机,要将第三刷取下,使发电机不发电。利用蓄电池电源供电,此时应尽可能节省用电。发电机上的防尘圈要牢固,不应取掉不用,以防尘埃进入内部,造成机件故障。要经常清洁各导线,保持其干燥,可防漏电。

4.2.2 就车检测

(一)驱动皮带检测

运用工具在检测驱动皮带张紧力前应先转动发动机,观察驱动皮带的磨损程度,同时也防止其局部张紧力过大。使用专用工具测量驱动皮带的张紧力,需与维修手册参数进行对照。

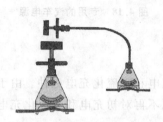

图 4.19 测皮带张紧力工具

图 4.20 手指感觉皮带张力

(二)运转噪声检测

启动发动机检查发电机驱动皮带是否发出"吱吱"的噪声,如有,则更换驱动皮带。使用听诊器检查发电机内部的运转噪声。可引起发电机运转噪声的原因有:转子与定子间的剐蹭(扫膛)及轴承损坏发出的声音。

(三)发电机输出电压和电流测量

1.输出电压测量

启动发动机,关闭车上所有用电器。测量 B+ 端子输出电压并提高发动机转速,直到输出电压达 13.5 V,并记下此时的发动机转速。如此时超出 1 200 r/min,说明发电机输出电压低,需进行分解检测。

2.输出电流测量

在负荷电路中,在输出电压 13.5 V 的情况下,发动机转速达到 1 500 r/min 时,输出电流大于 56 A;达到 2 500 r/min 时,输出电流大于 114 A;转速达到 5 000 r/min 时,输出电流大于 139 A。在测试时建议使用钳式电流表,因为这样不必对电路进行分解。图 4.21 所示为测发电机电压;图 4.22 所示为测发电机电流。

图 4.21 测发电机电压

图 4.22 测发电机电流

4.2.3 交流发电机的部件检测

(1)拆卸发电机。

按照图 4.23~4.20 步骤进行。

图 4.23　拆下蓄电池负极连接线

图 4.24　拆下发电机电压输出线

图 4.25　松开发电机皮带调整螺栓

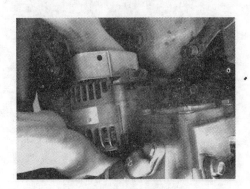

图 4.26　松开发电机螺栓取下发电机

(2)分解发电机。

按照图 4.27~4.36 步骤进行。

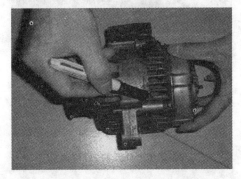

图 4.27　在发电机上做记号

图 4.28　在台虎钳上取下发电机皮带轮

图 4.29　用 8#丁字扳手拆下发电机后端盖螺栓

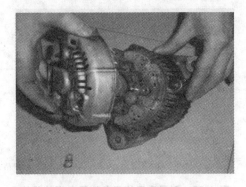

图 4.30　拆下发电机后端盖

图 4.31　用十字螺丝刀拆整流器

图 4.32　用十字螺丝刀拆定子绕组连接螺丝

图 4.33　拆开调节器上的两颗固定螺栓

图 4.34　取下整流器

图 4.35　用橡胶锤把定子绕组拆下

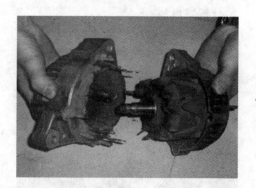

图 4.36　分开前、后端盖

(3)发电机的部件检测。

按照图 4.37～4.42 步骤进行。

图 4.37　测量定子绕组各端子之间的阻值
（应少于 1 Ω）

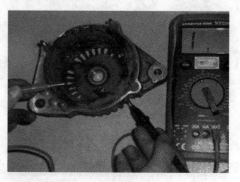

图 4.38　测量定子绕组与铁芯之间的绝缘情况（应为无穷大）

图 4.39 测量励磁绕组的阻值
（应与原厂规定值相同）

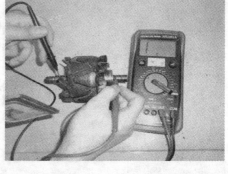

图 4.40 测量励磁绕组与铁芯之间的绝缘情况

图 4.41 用万用表蜂鸣挡

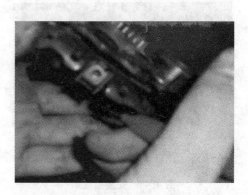

图 4.42 检测整流器的导通性

(4)发电机装配。

按照图 4.43~4.54 步骤进行。

图 4.43 安装前端盖

图 4.44 安装后端盖

图 4.45 固定附件

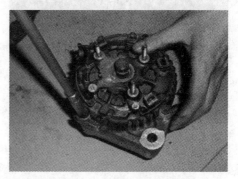

图 4.46 装穿心螺丝

图 4.47　连接三相绕组

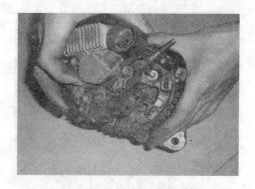
图 4.48　连接硅整流器线路

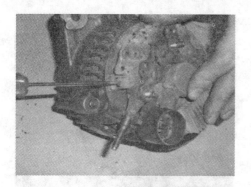
图 4.49　安装整流器

图 4.50　安装电压调节器

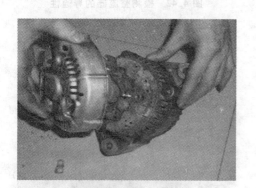
图 4.51　装后端盖

图 4.52　固定后端盖螺栓

图 4.53　安装皮带轮，紧固皮带轮大螺母

图 4.54　测试运转情况是否良好

(5)发电机就车安装。

安装时应注意以下事项,否则会人为增添故障。

①在安装发电机常火线时,应让其与外界绝缘,否则会引起短路。

②安装发电机皮带,必须按照规定的力矩紧固,否则会引起发电机不发电。

③发电机安装完毕之后应启动发动机,检测发电机是否正常发电。

任务4.3 启动系的维护与保养

4.3.1 启动机的就车检测

按照图 4.55～4.60 步骤进行。

图 4.55 检测蓄电池极桩是否松动

图 4.56 检测蓄电池的电压是否正常

图 4.57 举升车辆至合适高度

图 4.58 找到启动机的安装位置

图 4.59 用万用表测启动机的搭铁是否正常

图 4.60 检测启动机的启动线是否正常供电

4.3.2 启动机的更换

按照图4.61~4.64步骤进行。

图4.61 用梅花扳手拆下启动机的固定螺丝

图4.62 拆下启动机的固定支架

图4.63 轻轻取下启动机,防止电源线和启动线损坏

图4.64 取下电源线和启动线

4.3.3 启动机的分解

(1)吸力开关的拆卸。用扳手旋下电磁开关的接线柱的螺母,取下导线,拆卸吸力开关固定螺栓,取下吸力开关(图4.65、4.66)。

图4.65 吸力开关的拆卸

图4.66 启动机衬套及端盖的拆卸

(2)启动机衬套及端盖的拆卸。旋下启动机贯穿螺钉和衬套螺钉,取下衬套座和端盖,取出垫片组件和衬套(图4.67、4.68)。

(3)启动机电刷架及定子线圈拆卸,取下定子时,注意定子与前壳体的位置。

图 4.67 分离前端盖

图 4.68 启动机转子拆卸

4.3.4 启动机的组装

启动机的组装(图 4.69)可按启动机的分解相反顺序进行,但应注意以下事项:

(1)安装时,衬套中应涂上润滑脂。

(2)用止推垫圈调整驱动齿轮的轴向间隙(推到极限位置),标准值为 0.3~1.5 mm。

图 4.69 启动机拆开各部件

4.3.5 启动机零件的检修

1.电枢的检修

若换向器出现表面脏污和烧蚀的现象,用 400 号砂纸打磨或在车床上修整。用游标卡尺测量换向器的直径,其标准值为 30.0 mm,最小直径为 29.0 mm。若直径小于最小值,应更换电枢。检查底部凹槽深度。应清洁无异物,边缘光滑。标准凹槽深度为 0.6 mm,最小凹槽深度为 0.2 mm。若凹槽深度小于最小值,用手锯条修正。检查换向器是否断路(图 4.70),用欧姆表检查铜片之间应导通。若不导通,应更换电枢。检查换向器是否搭铁(图 4.71),用欧姆表检查换向器铜片与电枢绕组铁芯之间应不导通(图 4.76)。若导通,应更换电枢。

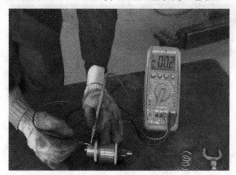

图 4.70 检查换向器是否断路

图 4.71 检查换向器是否搭铁

2.励磁绕组的检查

检查励磁绕组是否断路,用欧姆表检查引线和磁场绕组电刷引线之间应导通(图4.72);否则,更换磁极框架。检查磁场绕组是否搭铁。用欧姆表检查磁场绕组与磁极框架之间应不导通(图4.73),若导通,则修理或更换磁极框架。

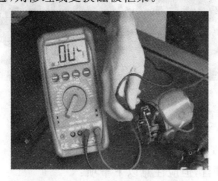

图4.72 检查励磁绕组是否断路

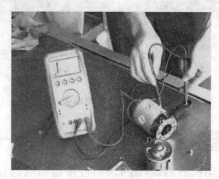

图4.73 检查磁场绕组是否搭铁

3.电刷架的检修

检修电刷弹簧,读取电刷弹簧从电刷分离瞬间的拉力计读数(图4.74)。标准弹簧安装载荷为17～23 N,最小安装载荷为12 N。若安装载荷小于规定值,应更换电刷弹簧。测量电刷长度不应小于10 mm(图4.75)。

图4.74 检修电刷弹簧

图4.75 测量电刷长度

检查电刷架绝缘,用欧姆表检查电刷架正极(+)与负极(-)之间的应不导通。若导通,修理或更换电刷架。

4.单向离合器和驱动齿轮的检修

检查离合器和驱动齿轮是否严重损伤或磨损。如有损坏,应进行更换。将离合器驱动齿轮夹在台钳上,在花键套筒中套入花键轴,将扳手接在花键轴上(图4.77),测得力矩应大于规定值(24～26 N·m),否则说明离合器打滑。反向转动离合器应不卡滞,否则应更换离合器总成。

图4.76 检查电刷架绝缘

图4.77 检查单向离合器和驱动齿轮

5. 电磁开关的检修

检查电磁开关内部线圈断路、短路或搭铁故障,可用万用表测线圈电阻后进行判断(图4.78)。在测量前,应断开电动机与电磁开关之间的连线。

两次测都应导通,如不通,则更换电磁开关。按照图4.79连接好线路,接通开关K后应能听到活动铁芯动作的声音,同时试灯L应被点亮;开关K断开后,试灯L应立即熄灭;否则,应更换电磁开关或更换启动机总成。

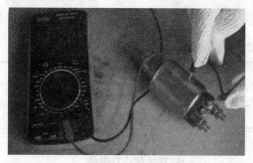

图4.78 用万用表测线圈电阻

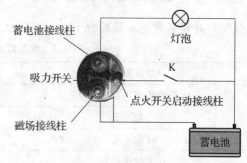

图4.79 电磁开关测试电路

4.3.6 安装启动机

安装时按照拆卸相反的顺序进行操作。
(1)选择相同型号的启动机,并且精心安装。
(2)安装完毕后,降下举升机到一定位置,然后启动点火开关,看能否正常启动。

任务4.4 灯光信号装置的维护与保养

在进行灯光检查时往往会接触到更换灯泡和查找线束,这些都是在汽车线路故障的主要原因。对灯光检查时要注意以下几点:
(1)灯光调整要符合驾驶员的视线。
(2)在更换灯泡时要注意更换后的灯泡的功率,以及操作时要注意防水措施。
(3)若是检查了线路,切记要把线路恢复原样,裸露的线束一定要包好,杜绝将任何线束任意排布。
(4)驾驶员在平时的使用与保养过程中要注意:清洗车辆时要注意防水,灯具表面严禁用硬刷清洗。

在现代汽车检查灯光时往往会接触一些线束及灯具的插头、插座,在拆卸与安装时注意对号入坐,并注意定位。

4.4.1 汽车灯光设备故障诊断

汽车灯光设备的常见故障有:灯不亮,灯光暗淡、忽明忽暗及保险丝烧断。造成上述故障的原因一般是:导线松脱、保险选择不当、搭铁不良、断路或者短路、充电电压调整过高以及各种开关失效等。判断上述故障须在电池电量充足,其他用电设备工作正常的情况下进行。

通常采用试灯、电源短接法来诊断问题
(1)灯不亮,喇叭不响。应查看保险丝是否烧断。若没烧断,故障就有可能是电源以及灯具、喇叭插头位置，若都没问题，就要检查线路。

（2）灯光暗淡，灯光发红。检查蓄电池电池容量，各导线接头紧固和接触状况；搭铁是否良好，是否有导线绝缘层破裂以及灯泡使用过久灯丝发黑等。

（3）灯光继电器不能正常工作。应检查是否有下述情况：接线有误，线路短路或者触电烧结或接线松动。

（一）汽车灯光设备常见故障检修方法

汽车灯光设备常见故障检修方法见表4.2。

表4.2 汽车灯光设备常见故障检修方法

故障原因	检修方法
线路断路或者接头松动	检修线路或者接好接头
接触不良	检查调整
灯泡不亮	更换
开关触电烧结	清除烧蚀物或者更换
保险丝烧断	检修更换
继电器工作不良	更换
闪光器工作不良	更换

（二）灯光设备故障检查步骤

（1）检查保险丝。汽车上大多设有保险丝。检查中不仅要查看是否被烧断，还要找出烧断的原因。如果某个灯具频繁烧断或者一开灯便烧保险，多为线路有断路之处。

（2）检查灯泡（图4.80）。灯泡是否烧断，通常目测即可，如果灯泡发黑或灯丝烧断，则均需更换灯泡。如果灯泡频繁烧断，多为发电机调节器损坏，对此需要检查发电机的发电量。

图4.80 检查灯泡

（3）检查搭铁。如果保险丝盒灯泡均正常，灯泡火线又有正常电压，应检查灯具搭铁是否正常。将试灯导线一端接灯泡的搭铁端，另一端接火线若灯亮了则说明搭铁正常，反之则不正常。

（三）转向及危险报警灯的检查

转向电路故障一般有转向灯两边闪光频率不一致、转向不能工作，应急却可以工作、转向和双跳都不可以工作等。

（1）转向灯两边闪光频率不一致。一般出现这种情况大多需要检查两方面：一方面查看车身闪光频率较快的那一侧是否有灯具不能工作或者功率不合适；另一方面就是检查闪光频率较快的那一侧是否有接触不良的情况。

（2）转向不能工作，应急可以工作。问题一般出现在保险上，或者开关火线控制上。根据维修资料就车查找相关保险装置。

（3）转向双跳都不可以工作。这种情况要检查闪光器是否正常，线束是否正常，或出现短路、断路状态。

4.4.2 前照灯更换与调整任务实施步骤

按照图 4.81～4.90 步骤进行。

图 4.81　找到灯的后部螺盖

图 4.82　拧下灯的后部螺盖

图 4.83　找出灯泡的火线

图 4.84　拔下灯泡的火线

图 4.85　取下旧灯泡

图 4.86　安装新灯泡时对记号

图 4.87　安装新的灯泡

图 4.88　插上大灯的火线插头

图 4.89　检查搭铁是否松动

图 4.90　拧上大灯的后盖

4.4.3 检查和调整大灯

(1)首先找到离前大灯有 10 m 远的白墙,将灯光照射在墙上,观察灯光是否需要调整。

图 4.91 离大灯 10 m 远的幕墙上的光照

(2)找到左、右前大灯的调整螺丝,然后用一字起子进行调节(图 4.92、4.93)。

图 4.92 左前大灯的调整螺丝　　　　图 4.93 右前大灯的调整螺丝

(3)检测调整后的光照(图 4.94)。

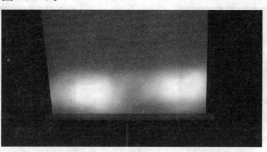

图 4.94 检测调整后的光照位置

4.4.4 转向、危险报警灯的故障检查任务实施

(一) 转向灯的检查

(1)查看转向灯基本状态(图 4.95)。
(2)检查灯具插头(图 4.96)。

图 4.95 查看转向灯基本状态　　　　图 4.96 检查灯具插头

(3)根据维修资料(图 4.97)检查电路(图 4.98)以及保险、闪光器的安装位置并检测更换(图 4.99)。

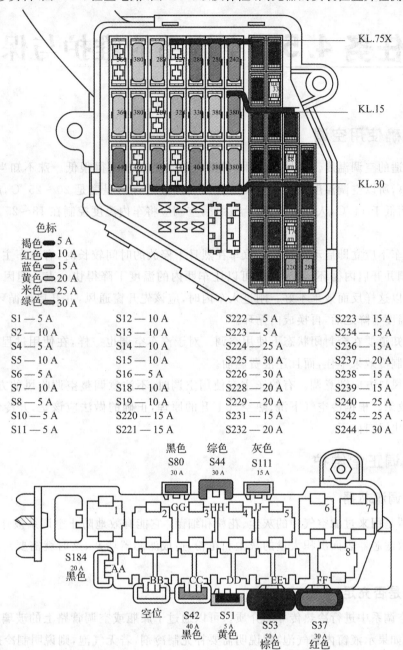

色标
褐色 —— 5 A
红色 —— 10 A
蓝色 —— 15 A
黄色 —— 20 A
米色 —— 25 A
绿色 —— 30 A

S1 — 5 A	S12 — 10 A	S222 — 5 A	S223 — 15 A
S2 — 10 A	S13 — 10 A	S223 — 5 A	S234 — 15 A
S4 — 5 A	S14 — 10 A	S224 — 25 A	S236 — 15 A
S5 — 10 A	S15 — 10 A	S225 — 30 A	S237 — 20 A
S6 — 5 A	S16 — 5 A	S226 — 30 A	S238 — 15 A
S7 — 10 A	S18 — 10 A	S228 — 20 A	S239 — 15 A
S8 — 5 A	S19 — 10 A	S229 — 20 A	S240 — 25 A
S10 — 5 A	S220 — 15 A	S231 — 15 A	S242 — 25 A
S11 — 5 A	S221 — 15 A	S232 — 20 A	S244 — 30 A

图 4.97 根据维修资料检查电路以及保险、闪光器的安装位置

图 4.98 检查电路

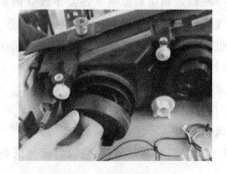

图 4.99 检测更换

任务 4.5 空调系的维护与保养

4.5.1 正确使用空调

(1)选择合适的空调温度。当然在夏季,许多人喜欢把温度调得很低。殊不知当温度调得过低,会影响身体健康,所以空调温度调整一定要适宜。人体最适宜的温度是 20~25 ℃,超过 28 ℃,人就会觉得闷热。而低于 14 ℃,人就会觉得冷。因此,空调应将车内温度控制在 18~25 ℃,温度过低,容易使人生病。

(2)夏季进车不应立即启动内循环。汽车在烈日下停放的时间较长时,有些车主喜欢一启动汽车就立刻开启空调并开启内循环,认为这样可以让车厢内的温度下降得快一点。但因为车内的温度比车外温度高,所以这样反而效果不好。刚进入车内时,应该先开窗通风,并开启外循环,把热气都排出去。等车厢内温度下降之后,再换成内循环。

(3)人们都知道要在全封闭状态下使用空调。对于汽车空调也一样,在使用过程中,若车门、车窗关闭不严,将使制冷效果不佳,而且还浪费燃油。

(4)空调出风口方向随意调。有的车主在使用空调时,不注意调整空调吹风的方向,这不利于发挥空调的最佳效果。根据冷空气下沉、热空气上升的原理,正确的做法应该是,开冷气时将出风口向上,开暖气时将出风口向下。

4.5.2 空调正常维护

1. 清洁空调滤芯器

空调滤芯器是用来过滤空气中的灰尘、花粉和细菌,它能有效地防止空调系被外界污染。但因为长期使用会导致滤芯器表面沉积大量的灰尘和花粉,造成滤芯器堵塞,这时就需要对滤芯器进行清理或更换。

2. 制冷剂是否充足

制冷剂是空调系中进行冷热传导的介质。可以通过干燥瓶或空调管路上的玻璃示液窗来判断制冷剂是否充足,如果示液窗内有气泡,则说明需要补充制冷剂,若无气泡,则说明制冷剂的量正常。

3. 冷凝器、蒸发器表面是否堵塞

冷凝器表面堵塞影响散热会导致空调系统压力过高,从而影响制冷效果。冷凝器清理可以用压缩空气清理或使用高压水枪清洗(需要专业人员操作,否则会造成冷凝器损坏)。蒸发器表面堵塞会使经过蒸发器芯体的风量减弱,从而影响制冷效果,蒸发器表面清理可以用压缩空气或空调泡沫清洗剂进行清理。

夏季使用汽车空调的注意事项:

(1)开机时,先开鼓风机开关,然后再开 A/C(压缩机开关);关机时,先关闭 A/C 开关,然后再关闭鼓风机开关。

(2)车内温度不宜调得过低,温度过低会影响身体健康,一般车内出风口温度控制在 8~10 ℃就可以了。

(3)堵车、低速行驶或泊车时,尽量关闭空调 A/C 开关,是为了不让发动机处于较高的转速长时间运行,从而造成温度过高,起到保护发动机和空调压缩机的作用。

(4)控制好出风口出风方向,在开冷气时将出风口方向朝上吹,开暖气时可以将出风口方向朝下吹。这是根据物理现象,冷空气下沉、热空气上升的原理。

(5)空调开启时首先使用外循环,这样鼓风机将车外的新鲜空气吸进车内形成气压将车内浑浊的空气排出。待温度降下时再切换到内循环模式,这样制冷效果最佳,但不能长时间使用内循环模式,以免影响车内的空气质量。

课后练习

一、填空题

1. 蓄电池在汽车上使用时,每隔_____个月进行一次补充充电。蓄电池放电程度冬季不得超过_____,夏季不得超过_____。

2. 不连续使用启动机,每次启动时间不得超过_____s,两次启动间隔在_____以上。

3. 蓄电池常见检测和维护设备有_____、_____及_____等。

4. 检测蓄电池电压时间,应将万用表调至_____挡,红色表笔接蓄电池_____极,黑色表笔接_____极。

5. 进行发电机电压测量时,首先启动发动机,关闭车上所有用电气。测量 B^+ 端子输出电压并提高发动机转速,直到输出电压达_____并记下此时的发动机转速。如此时超出 1 200 r/min,说明发电机输出电压低,需进行分解检测。

6. 在负荷电路中,在输出电压为_____V 的情况下,发动机转速达到_____A 时,输出电流大于 56 A、达到_____r/min 时,输出电流大于 114 A,转速达到_____r/min 时,输出电流大于 139 A。在测试时建议使用钳式电流表,因为这样不必对电路进行分解。

7. 测量定子绕组各端子之间的阻值应少于_____。测量定子绕组与铁芯之间的绝缘电阻为_____。

二、简答题

1. 简述如何使用蓄电池检测仪检查汽车漏电位置。
2. 简述汽车发电机拆装流程。
3. 简述检修启动机电磁开关的方法。
4. 简述调整大灯的方法。

模块 5

汽车车身的维护与保养

【知识目标】

1. 掌握车身表面状况检查的操作项目。
2. 能对车身表面状况进行维护检查。
3. 掌握发动机舱相关部件检查的操作项目。
4. 掌握汽车后行李舱相关部件检查的操作项目。

【技能目标】

1. 能检查发动机舱及熟悉操作步骤。
2. 掌握车门性能检查的操作步骤。
3. 掌握车内座椅性能检查的操作步骤。
4. 能对驾乘人员安全带约束装置进行检查。

【课时计划】

任务	任务内容	参考课时		
		理论课时	实训课时	合计
1	车身表面状况的检查	0.5	0.5	1
2	发动机舱的检查	0.5	0.5	1
3	后行李舱的检查	0.5	0.5	1
4	车门性能的检查	0.5	0.5	1
5	车内座椅性能的检查	0.5	0.5	1
6	驾驶人员安全带约束装置的检查	0.5	0.5	1

共计：6 课时

> 情境导入
>
> 车主刘女士来到4S做保养,作为维修接待技师的你,首先要对刘女生的爱车做哪些检查呢?

任务5.1　车身表面状况的检查

在车身的外层喷有油漆,主要目的是防止生锈、阳光直射、灰尘和淋雨,还起到美观的作用。当车身蒙皮损坏、表面固定物松动或外层油漆脱落等状况出现时,都会引起车身的锈蚀,影响车辆的美观和使用性能,因此,定期检查车身表面状况,及时组织维护和修理非常必要。

5.1.1　汽车保险杠

汽车保险杠是吸收和减缓外界冲击力、防护车身前后部的安全装置。许多年以前,汽车前后保险杠是用钢板冲压成槽钢,与车架纵梁铆接或焊接在一起的,与车身有一段较大的间隙,看上去十分不美观。随着汽车工业的发展和工程塑料在汽车工业的大量应用,汽车保险杠作为一种重要的安全装置也走向了革新的道路。今天的轿车前、后保险杠除了保持原有的保护功能外,还要追求与车体造型的和谐与统一,追求本身的轻量化。轿车的前后保险杠都是塑料制成的,人们称为塑料保险杠。一般汽车的塑料保险杠是由外板、缓冲材料和横梁三部分组成。其中外板和缓冲材料用塑料制成,横梁用冷轧薄板冲压而成U形槽;外板和缓冲材料附着在横梁,如图5.1所示

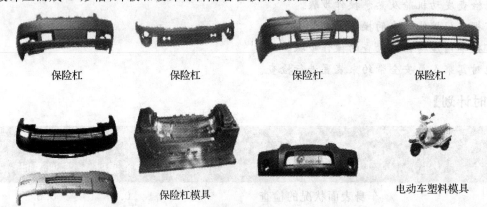

保险杠　　保险杠　　保险杠　　保险杠

保险杠模具　　　　　电动车塑料模具

图5.1　保险杠

5.1.2　前侧组合大灯

组合前照灯在汽车的前部,它主要起照明和信号作用。前照灯发出的光可以照亮车体前方的道路情况,使驾驶者可以在黑夜里安全地行车,组合前照灯按照光源可分为卤钨灯、氙气灯;按照功能可分近光灯、远光灯、前转向灯、前位灯(又称示宽灯,表明车辆存在的位置灯)及前雾灯。目前,雾灯国家法规未强制要求,但现在所有车型基本都配备。

5.1.3　后侧组合尾灯

组合尾灯在汽车的后部,它主要起照明和信号作用。后车灯一般由后位灯、倒车灯、制动灯、后雾灯、后转向灯和回复反射器组成。

5.1.4 检查步骤

1. 车身上表面的检查

(1) 检查表面油漆是否有拉痕、脱落、脱离、油漆拉痕和脱落处是否锈蚀,如图5.2所示。

(2) 用手按动车体表面的蒙皮,感觉是否有松动。

(3) 检查车辆后侧两组合尾灯,表面是否有污损,固定状况是否牢固,如图5.3所示。

(4) 检查车辆后侧保险杠状况和固定情况,如图5.4所示。

(5) 检查车辆前侧两组大灯,表面是否有污损,固定状况是否牢固。

(6) 检查车辆前侧保险杠状况和固定情况,如图5.5所示。

图5.2 车身表面油漆的检查

图5.3 车辆后侧组合尾灯的检查

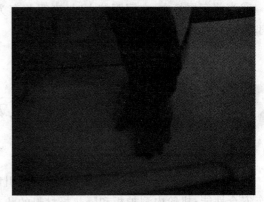

图5.4 车辆后侧保险杠情况的检查

(7) 目测汽车前挡风玻璃的状况。

2. 车身底面的检查

(1) 将车辆提升到最高位置,并锁止举升机。

(2) 检查各个车轮挡泥板是否齐全,有无破损,固定是否牢靠,如图5.6所示。

(3) 检查底面防锈油漆是否有拉痕、脱落,车辆底部是否有锈蚀,必要时进行车辆底部防锈处理。

(4) 检查车辆底部各部件的固定情况。

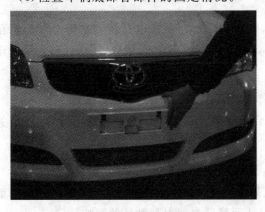

图5.5 前保险杠情况的检查

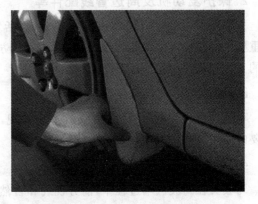

图5.6 车辆挡泥板情况的检查

5.1.5 小常识(常见灯语)

(1)遇到车辆要并道灯语:大灯一闪"同意",大灯连闪"拒绝"。
(2)邻车有问题灯语:大灯闪三下。
(3)后车跟车太近灯语:阶段性亮亮刹车灯。
(4)夜间灯语。
①当车灯光投射距离由远变近时,表示汽车驶近或驶入上坡道。
②当车灯光投射距离由近变远时,表示汽车已在下坡道或由陡进入缓坡。
③当车灯光离开路面时,表示前面出现急弯或车辆已驶至坡顶。
④当车灯光由路中移向路侧时,表示前方出现一般性弯道。
⑤当车灯光从道路的一侧移到另一侧时,表示前方为连续转弯道。
⑥当对向车射出光线较短时,表明来车将接近坡道;当对向车射出的光线与路基脱离时,表示来车已接近坡顶。
⑦当前车尾灯灯光或亮或暗时,表明前车在远处;当前车尾灯灯光较为明亮时,表明前车在近处。
⑧当前车尾灯左、右间距较大时,表明前车为大型车;当前车尾灯左、右间距较小时,表明前车为小型车。

任务5.2 发动机舱的检查

轿车发动机舱一般位于车辆的前部,其中引擎舱盖不但保持了车辆的美观,同时还关系到车辆的行车安全性能;机舱内测护板和隔热板材料的状况,都会影响到车辆的噪声和舒适性,因此,要定期检查发动机舱的使用性能。

1. 空气导流

对于在空气中高速运动物体,气流在运动物体周边产生的空气阻力和扰流会直接影响运动轨迹和运动速度,通过引擎盖外形可有效地调整空气相对汽车运动时的流动方向和对车产生的阻碍力作用,减小气流对车的影响。通过导流,空气阻力可分解成有益力,提高前轮轮胎对地的力量,有利于车的行驶稳定。流线型引擎盖外观基本是依照这个原理设计的。

2. 保护发动机及周边管线配件等

引擎盖下,都是汽车重要的组成部分,包括发动机、电路、油路、刹车系以及传动系等。对车辆至关重要。通过提高引擎盖强度和构造,可充分防止冲击、腐蚀、雨水及电干扰等不利影响,充分保护车辆的正常工作。

3. 美观

车辆外观设计是车辆价值的一个直观体现,引擎盖作为整体外观的一个重要组成部分,有着至关重要的作用,赏心悦目,体现整体汽车的概念。

4. 辅助驾驶视觉

驾驶员在驾驶汽车过程中,前方视线和自然光的反射对驾驶员正确判断路面及前方状况至关重要,通过引擎盖的外形可有效调整反射光线方向和形式,从而降低光线对驾驶员的影响。

5. 防止意外

引擎工作在高温高压易燃环境下，存在由于过热或者是原件意外损坏而发生爆炸或者是燃烧、泄漏等事故，引擎盖可有效阻挡因爆炸引起的伤害，起到防护盾的作用。有效阻隔空气和阻止火焰的蔓延，降低燃烧风险和损失。

6. 特殊用途平台

在特种车辆中，有利用高强度引擎盖作为工作平台，起到支承作用。

检查步骤：

(1) 驾驶舱内拉开引擎盖手柄，打开机舱盖后，双手紧握车盖前侧，检查引擎盖的固定情况是否牢固，如图5.7所示。

图5.7　引擎盖连接情况的检查

(2) 支起引擎盖，检查引擎盖内侧板面是否固定良好，有无焊层脱开和其他损伤。

(3) 检查机舱内侧板固定是否良好，有无面漆脱离、破损和其他损伤。

(4) 检查发动机后侧面隔热材料是否固定良好、有无破损或其他损伤。

(5) 检查车辆前端散热格是否有破损，固定状况是否良好。

(6) 放下发动机舱盖，检查舱盖锁扣是否能够锁住，舱盖扣合后位置是否适当，再按压发动机舱盖，检查是否有间隙。

任务5.3　后行李箱的检查

后行李舱是车辆存放备胎和杂物的舱室，同时也是汽车整体通风装置的组成部分，后舱盖的变形和固定松动等现象的出现，都会影响到汽车的正常使用，因此，要定期对后行李舱进行检查。

检查步骤：

(1) 驾驶室内拉开后舱盖手柄，打开后舱机盖，双手握紧后舱机盖外侧，检查后舱盖的固定情况是否牢固，如图5.8所示。

(2) 检查后行李舱内侧板固定是否良好，有无漆脱落、破损和其他损伤。

(3) 掀起后行李舱底面垫皮，检查行李舱下表面是否有锈蚀。

(4) 检查备胎固定装置的状况，如图5.9所示。

(5) 放下行李舱盖，检查舱盖锁扣是否能够锁好，舱盖扣合后位置是否适当，再按压行李舱盖，检查是否有间隙。

图5.8 后行李舱盖的检查

图5.9 备胎固定装置的检查

任务5.4 车门性能的检查

车门的好坏,主要体现在:车门的防撞性能,车门的密封性能,车门的开合便利性,当然还有其他使用功能的指标等。防撞性能尤为重要,因为车辆发生侧碰时,缓冲距离很短,很容易伤到车内人员。

5.4.1 车门的分类

(1)顺开式车门。使在汽车行驶时仍可借气流的压力关上,比较安全,而且便于驾驶员在倒车时向后观察,故被广泛采用。

(2)逆开式车门。在汽车行驶时,若关闭不严,就可能被迎面气流冲开,因而使用较少,一般只是为了改善上、下车方便性及适于迎宾礼仪需要的情况下才采用。

(3)水平移动式车门。它的优点是车身侧壁与障碍物距离较小的情况下仍能全部开启。

(4)上掀式车门。广泛用作轿车及轻型客车的后门,也应用于低矮的汽车。

(5)折叠式车门。广泛应用于大、中型客车上。

5.4.2 新车车门检查

新车车门的检查,要先观察新车车门的边框是否有细小的波纹,再检查新车的A柱、B柱、C柱是否有问题,还要查看新车边框的棱柱上是否有锈蚀,这里是非常容易出问题的地方,因为很多人开门时,会不小心撞到车身周围的障碍物,所以会造成棱柱的漆面锈蚀。

(1)新车车门关闭时的检查。

观察新车车门两侧的缝隙处是否光滑、平整、大小均匀,密合度是否在同一水平线上,因为如果车门安装的有问题,就有可能车门高于或者低于车门的另一侧。这一步除了要仔细看,还要用手摸。

(2)新车车门打开时的检查。

多观察新车车门和新车A柱、B柱上的胶条是否正常,因为如果胶条安装不正确,经过车门的多次关闭和挤压,会导致两侧的胶条变形。

(3)新车车门的检查还要仔细查看新车A柱内侧的零部件是否漆面正常,螺丝是否牢固。不仅是这里的螺丝,其实新车验车时各个位置的螺丝处都要仔细查看。

(4)对每个车门进行多次开关,感觉开关过程中,是否流畅自然,是否有异响。

5.4.3 车门使用状况的检查步骤

(1)打开车门。车门未关紧指示灯应该点亮,如图 5.10 所示;用手按压车门未关紧指示灯开关,车门没关紧指示灯应该熄灭,如图 5.11 所示。

图 5.10 车门没关紧时,指示灯开关点亮

图 5.11 车门没关紧指示灯的检查

(2)车门开到最大角度,检查车门限位拉杆情况,如图 5.12 所示。

(3)将车门上、下扳动,检查车门固定连接情况,是否有车门下坠,如图 5.13 所示。

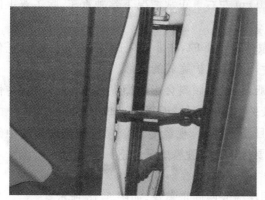

图 5.12 车门限位拉杆情况

图 5.13 车门限位拉杆情况

(4)检查车门内侧饰板是否固定良好。

(5)关上车门,观察车门未关紧指示灯是否熄灭。

(6)关上车门后,检查车门锁扣是否能够锁好,车门扣合后位置是否适当,再按压车门,检查是否有间隙。

(7)对于后车门,要检查儿童门锁的工作状况,当儿童门锁装置作用时,从车内不能拉开车门,但从车外能打开车门,如图 5.14 所示。

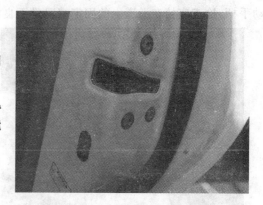

图 5.14 儿童门锁的检查

任务5.5 车内座椅性能的检查

车辆座椅直接影响到汽车驾乘人员的安全性和舒适性,紧固,检查调整车辆座椅,对确保车辆使用性能和行车安全非常必要。

对于调整汽车座椅,即使是老司机也只是根据经验粗略地调校一番,觉得大体舒服就结束了,其实掌握一些窍门能够更快、更好地调整汽车座椅。调整座椅的目的是要兼顾司机乘坐舒适,同时也要方便驾驶汽车。

首先,调整座椅与踏板的距离,如果座椅与踏板的距离较大,司机伸腿就会比较舒服,但用脚踩踏板时的准确度与力度都会比较差。反之,如果座椅与踏板的距离较小,腿脚就很容易疲劳。调整的方法是将座椅后推,让左腿踩踏离合器踏板能够自然轻松。一般来说,那些习惯开快车的老司机喜欢将座位调得靠前,但这样往往会牺牲一些舒适性。

其次,围绕着方向盘做调整。根据不同人的身高臂长不同,要考虑到双手自然伸开、转动方便,同时肘部与肩部放松,手握方向盘的高度大约低于肩部 10 cm 左右。正常情况下驾驶汽车,除了双手以外肩与腰都不会晃动。

再次,调整头枕。司机头枕是供驾驶者疲劳时稍微休息一下的,并非让人睡觉,因此以能够托住颈部为宜。这样不仅可以让人感觉舒适,也容易在发生车祸时保护脆弱的颈部。

其次,调整靠背。靠背越往后倾斜,人的感觉越舒服,但过于倾斜会影响操纵汽车,所以要保持恰当的倾斜度。此外,靠背中间的托腰能够有效地缓解疲劳感,可以尽量调得高一些。

最后,调整驾驶座的高低。主要原则是当司机的目光平视时,视线能够落在前挡风玻璃的中线上,这样就能够保持最佳的视野。同时,座位的高度也要尽量让驾驶者感觉舒适。

车内座椅性能检查步骤:

(1)扳动座椅,检查座椅固定情况是否良好,并紧固座椅底座固定螺丝,如图5.15所示。

(2)扳动座椅前后调整手柄,检查座椅前、后位置调整滑动是否轻便。松开调整手柄,在前、后扳动手柄,检查座椅在滑道上的固定情况是否良好,如图5.16所示。

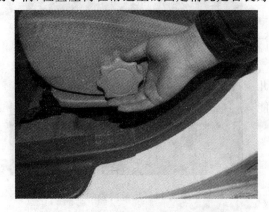

图 5.15 座椅固定情况的检查和紧固

图 5.16 座椅前、后位置调整的滑道状况检查

(3)检查并调整座椅上、下高度和倾斜度,如图5.17所示。

(4)扳动座椅靠背倾斜位置调整手柄,检查靠背调整情况,松开调整手柄,检查靠背定位情况,如图5.18所示。

(5)检查靠背上头枕的位置调整情况,如图5.19所示。

图5.17 座椅上、下高度和倾斜度的调节

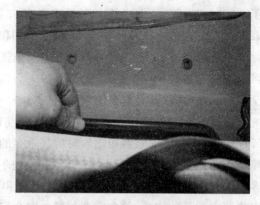
图5.18 座椅靠背前后倾斜度的调节

图5.19 靠背上头枕位置的调整

任务5.6　驾乘人员安全带约束装置的检查

　　安全带作为汽车发生碰撞过程中保护驾乘人员的基本防护装置,它的诞生早于汽车。早在1885年,安全带出现并使用在马车上,目的是防止乘客从马车上摔下去。1902年5月20日在纽约举行的一场汽车竞赛场上,一名赛车手为防止在高速中被甩出赛车,用几根皮带将自己和同伴拴在座位上。竞赛时,他们驾驶的汽车因意外冲入观众群,造成两人丧生,数十人受伤,而这几名赛车手却由于皮带的缘故死里逃生。这几根皮带也就成为汽车安全带的雏形,在汽车上首次使用,便挽救了使用者的生命。

　　1922年,赛车场上的跑车开始使用安全带;1955年,美国福特汽车装用了安全带;1968年,美国规定轿车面向前方的座位均要安装安全带。发达国家都相继制定了汽车乘员必须要佩带安全带的规定,我国公安部于1992年11月15日颁布了通告,规定从1993年7月1日起,所有小客车(包括轿车、吉普车、面包车、微型车)驾驶人和前排座乘车人必须使用安全带。《道路交通安全法》第五十一条规定:机动车行驶时,驾驶人、乘坐人员应当按规定使用安全带,摩托车驾驶人及乘坐人员应当按规定戴安全头盔。

　　安全带是所有的车辆安全系统中最基本的一个。上车后把安全带拉过来,然后"咔嗒"一声系好。很容易,是吗?对,是很容易,可是人们依然会忘记这么做,或者说他们不喜欢这种被"束缚"的感觉,现在大部分的新车都会发出各种声音或光信号,提醒人们系好安全带,这样所谓的"遗忘"也就走到终点了。2004年,高速公路上车祸的受害者有55%没有系安全带,而据美国公路安全保险协会IIHS估计,2002年有14 570人从死神手下逃脱,原因仅仅是他们系好了安全带。

安全带的技术进步包括预紧器、力道限制器以及三点式或四点式的组合等。在撞击的时候,预紧器可以把安全带拉紧,防止由于松懈而带来会造成身体伤害的位移。撞击结束后,力道限制器可以使安全带略微松弛,以减轻对车内乘员的压力。

三点式安全带可束住乘客的胸腔和大腿前部,在微型轿车中可以将对前座乘客的严重伤害减少44%(与不系安全带的乘客相比),对后座乘客的严重伤害可以减少44%,如果跟横向安全带相比,对后座乘客的严重伤害可以减少15%。更重要的是,前座乘客使用三点式安全带而不是横向安全带,对乘客腹部和头部的伤害将分别可以减少52%和47%。典型的四点式安全带包括两条竖向的吊带,可以束住车内乘员的胸腔,并在底部与横向安全带扣接。四点式安全带已经在赛车上使用了很多年,现在一些客气制作厂商,比如沃尔沃,正尝试将其应用到微型轿车上。设计的出发点是在汽车发生滚翻时,四点式安全带可以将撞击力更均匀地分散掉,同时还可以将乘客牢牢地固定在座椅上。

安全带约束装置的检查步骤:

(1)启动车辆后,检查仪表盘上的安全带提示装置及安全带语音提示装置工作是否正常。

(2)用手慢慢拉动安全带,安全带能够被拉出;将安全带快速插头插入连接器,检查快速插头能否被锁死;再按下连接器上的断开按钮,快速插头能够迅速脱开与连接器的连接,如图5.20所示。

(3)松开安全带,安全带能够自动收回,如图5.21所示。

(4)用手猛拉安全带,安全带能够立即锁止,如图5.22所示。

(5)检查安全带高度调节装置的使用状况,检查完毕后,恢复到原来的高度位置,如图5.23所示。

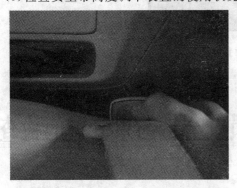

图5.20 安全带快速插头的检测

图5.21 安全带使用性能的检查

图5.22 安全带锁止状况的检查

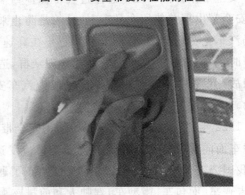

图5.23 安全带高度调节装置的检查

(6)检查并紧固安全带下端固定螺丝,如图5.24所示。

图5.24 检查并紧固安全带下端固定螺丝

课后练习

一、填空题

1.汽车车身维护与保养的项目有_____、_____、_____、_____和_____。

2.在车身的外层喷有油漆,主要目的是_____、_____和_____,还起到美观的作用。

3.车身表面检查的项目有_____、_____和_____。

4.检查表面油漆是否有_____、_____、_____、_____和_____。

5.用手按动车体表面的蒙皮,感觉是否有_____。

6.检查车辆后侧两组合尾灯,表面_____、_____。

7.支起引擎盖,检查引擎盖内侧板面_____,有无_____和其他损伤。

8.检查机舱内侧板_____是否良好,有无_____、_____和其他损伤。

9.放下发动机舱盖,检查舱盖锁扣是否能够锁住,舱盖扣合后位置是否适当,再按压发动机舱盖,检查是否有_____。

10.车门主要分为_____、_____、_____、_____和_____五类。

二、简答题

1.车身表面检查的项目有哪些?

2.发动机舱有什么作用?

3.新车车门要做哪些检查?

4.安全带有哪些作用?

模块 6

车辆维护与保养的综合任务

【知识目标】

1. 了解汽车维护保养的重要性和意义。
2. 能正确描述各类维护作业的基本定义。
3. 能正确描述各类维护作业的工艺流程。
4. 了解各类维护作业的中心内容,掌握各类维护的作业内容、操作要领及技术要求。

【技能目标】

1. 会进行新车交车检查与维护(PDI)。
2. 会进行汽车出车前、行车中和出车后的日常维护。
3. 会进行汽车的一级维护作业。
4. 会进行汽车的二级维护作业。
5. 能进行汽车走合期前、走合期中和走合期后的维护。
6. 能独立进行汽车季节性的维护作业。

【课时计划】

任务	任务内容	参考课时		
		理论课时	实训课时	合计
1	新车的检验与维护	2	2	4
2	日常维护与保养	1	2	3
3	一级维护与保养	1	2	3
4	二级维护与保养	2	4	6
5	汽车磨合期的维护与保养	1	2	3
6	汽车季节性的维护与保养			

共计:19 课时

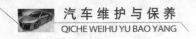

> 汽车的维护对于延长使用寿命、提高运输效率、减少事故发生至关重要，但有些驾驶员却认为只要自己能稳稳地把住方向盘，及时踩住刹车确保安全谨慎地驾驶车辆就可以了，嫌保养麻烦，故将其摒弃。所以一些注重保养的用户开了近 300 000 km，车况仍然运行良好，而有些只开了不到 100 000 km 却故障频频。汽车的维护保养究竟包括哪些内容呢？

情境导入

任务 6.1　新车的检验与维护

客户购买新车，销售人员要对整个车辆实施交车前的检验 PDI（Pre Delivery Inspection，车辆的售前检验记录），并对交付用户的新车辆功能进行检验。经销商在新车交付用户之前实施交车前的检验（PDI），以保证车辆处于最佳状态，用户在提车后即可使用。新车交车检验的内容有：验证车辆的状态、将车辆恢复到工作状态及检验车辆的功能。

6.1.1　验证车辆状态的意义

车辆由制造厂发往经销商的运输过程中可能出现损伤，车辆在到达经销商处时对车辆状态的验证，检点随车资料及物品，以保证车辆状态正常、资料物品齐全。

6.1.2　车辆状态验证的项目与要求

1. 车辆运输状况

车辆运输状况主要包括发车地点、运输车号、司机姓名、司机联系电话、装运车辆数量、运输公司等。

经验收人员验收后，再编写入库编码，将车辆运输状况及入库编码记录在车辆入库检验单上。

2. 车辆明细资料的查对

车辆明细资料主要包括车辆品牌、车型、规格、颜色、发动机号码、车架号等信息。

3. 随车物品的检点

一般包括车主手册、保修手册、备胎、钥匙、工具包、点烟器等。

4. 车辆手续资料检验

货物进口证明书（进口车）、进口车辆随车检验单（进口车）、车辆安全性能检验证书、拓印（车辆铭牌、发动机号、车架号等的拓印）、运单、新车点检单等。

5. 检验后的确认

验收人员对以上项目进行仔细查对与检点，确定有无、是否正确，发现问题，并在新车入库检验单中标记，对发现的问题进行记录，并提出处理意见。

6.1.3　恢复新车正常的工作状况

在进行 PDI 时，车辆必须恢复正常的工作状态，发挥汽车的正常功能，避免用户在使用中出现意外事故。

恢复新车正常工作状态的意义为了防止车辆在运输中发生问题。汽车在离开厂家前,汽车上运输中可能容易损坏的零部件没有安装,另行包装;还对一些需要保护的部位加装了保护装置等。

(1)安装保险丝及短路销。

为了防止在运输中有电流通过,厂家已将顶灯保险丝、收音机保险丝或短路销拆下放在继电器盒内,因此,应首先将顶灯保险丝、收音机保险丝或短路销安装到相应位置,如图6.1所示。

(2)安装汽车厂提供的零部件。

厂家对外后视镜等汽车外部凸出部分零部件单独包装,以防运输途中损坏。一般有以下内容,如图6.2所示:

①安装外后视镜。
②安装备用轮固定架托座。
③安装气管。
④安装前阻挠流板盖。
⑤安装轮冒和盖。

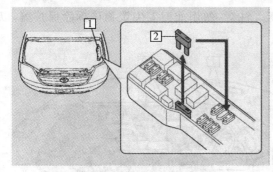

图6.1 保险丝位置

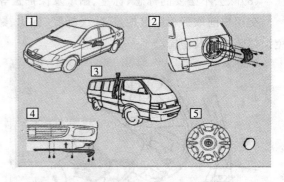

图6.2 汽车外部凸出部件安装位置

(3)从制动器盘上拆下防锈罩。

注意,取下时一定要用手进行,切忌使用螺钉旋具或其他工具,以防损坏车轮或制动盘。如果制动器上装有防尘罩,一般在前窗上贴有一警告标志,如图6.3所示。

(4)安装橡皮车身塞,如图6.4所示。

将橡胶车身塞装在车身上相应部件的孔上。注意,橡胶车身塞一般在手套箱中。

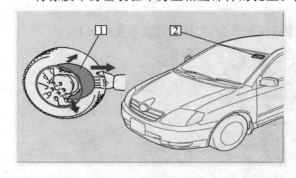

图6.3 警告标志位置

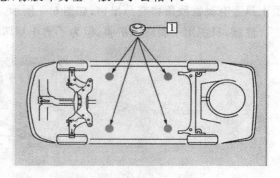

图6.4 橡皮车身塞位置

(5)取下前弹簧隔圈,如图6.5所示。

用举升器将车辆吊起,从前悬架上取下前弹簧隔圈。注意,没有装前弹簧隔圈的车辆则不进行此项工作。

(6)取下紧急拖车环,如图6.6所示。

从保险杠上取下紧急拖车环,然后在紧急拖车环的孔上加盖。注意,紧急拖车环孔盖在手套箱中,取下的紧急拖车环放在工具袋中。没有装紧急拖车环的车辆不进行此项工作。

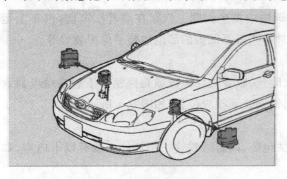
图6.5 前弹簧隔圈位置

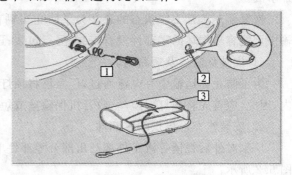
图6.6 取下紧急拖车换

（7）调整轮胎空气压力。

调整轮胎（包括备胎）空气压力至正常值,如图6.7所示。注意,出厂时轮胎气压通常值高一些,以防运输中轮胎变形,因此交用户前一般要调低至正常值。

（8）除去不必要的标志、标签、贴纸及保护盖等。

交用户前取下相应保护盖,除去标签、标志、贴纸等。注意,勿用如刀等尖锐物体拆除保护盖,以免损坏装饰条及座椅。

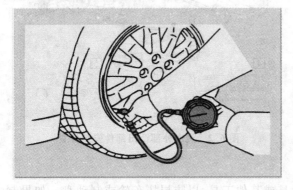
图6.7 调整轮胎气压

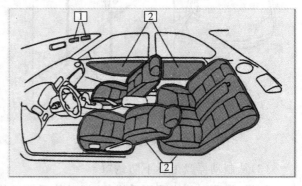
图6.8 车内标志、标签位置

（9）取掉车身防护膜。

先冲洗汽车,除去运输过程中积下的砂石、尘土;再剥离车身上的保护膜;最后检查车身在油漆表面上是否有黏性残留物或凸出物,如图6.9所示。

注意,只能用手剥离保护膜,但为了防止刮坏油漆或压凹车身,勿将肘部或手放在车上。

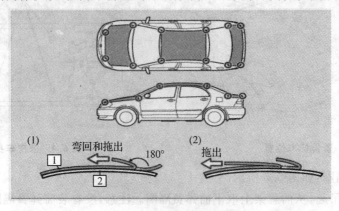
图6.9 车身防护膜

6.1.4 新车检验的步骤

1. 查验汽车铭牌

(1)查找车辆铭牌和车辆识别号可参照《维修手册》中指示位置查找,一般在发动机舱或底盘处。

(2)识别车辆铭牌(内容根据车辆目的、国别而有差异)。

(3)识别车辆识别代号(VIN)。车辆识别代号由三部分17位字码组成。

(4)查对车辆规格,包括车辆尺寸、性能及其他信息。

在新车手册中均有明确说明。重点理解以下性能参数:发动机排量、压缩比、最高车速、燃油消耗率、最大爬坡能力及最小转弯半径。

(5)将查到的 VIN 号、检验人姓名、日期等信息填写在检验单上。

2. 汽车外部检查

(1)清洗车辆。

用手洗方式清洗车身和室内,清洁时注意不要划伤车身座椅。

(2)检查车身表面。

环绕汽车一周,仔细查看油漆颜色、全车颜色是否一致。车身表面有无划痕、掉漆、开裂、起泡或锈蚀。用手摸一摸有无修补痕迹。

(3)检查车门、后备箱或行李箱盖和油箱门的状况。

车门车窗完整、前后挡风玻璃无损伤;车门把手开、关灵活,安全、可靠,门窗密封条完好。手动(或电动)车窗玻璃操纵机构工作正常。自动车窗升降稳定。要多次尝试各车窗下降时是否会冲底。

(4)检查轮胎状况。

检查备胎与四个轮胎的气嘴帽是否在,检查备胎气压及固定情况。备胎与其他四个轮胎规格是否相同。

(5)检查标志与装饰。

检查各标志、装饰条是否完好,安装是否牢靠。

(6)检查车外灯光。

查看所有车灯,特别注意倒车灯是否会常亮。加长时间测试转向灯,查看是否会出现一直亮着,却不闪。

(7)检查喇叭。

(8)检查刮水器。

接通电源开头,检查刮水器、喷水清洁器工作是否正常。

(9)检查后窗除雾器及点烟器。

(10)检查千斤顶及随车工具的固定情况。

3. 汽车内部检查

(1)检查座椅和座椅安全带。

打开车门,检查车内座椅是否完整,座椅前、后是否可以调整;椅套是否整洁,沙发是不是真皮沙发;地面是否清洁、密封良好;安全带是否有效。

(2)车内灯的操作检查。

检查车厢灯、阅读灯、化妆镜灯、门灯等是否正常。

(3)开关的操作。

(4)检查内、外后视镜。

检查内外后视镜是否完好,调节是否有效。

(5)转向盘的操作。

用手晃动转向盘,上、下不应有间隙,左、右自由行程不应过大,表面手感要好,同时测试转向盘的前后调节是否好用。检查角度及高度可调转向盘的动作是否正常有效。

4.发动机舱检查

(1)检查蓄电池状况。

检查蓄电池端子的紧固情况,检查电解液及充电情况。

(2)检查机油及工作液位。

检查发动机机油、自动变速器油(冷态)、散热器冷却液、风挡清洗液、制动液、离合器液、动力转向液、燃油等的液位。

(3)检查汽车有无泄漏冷却液、润滑油、制动液、电解液及制冷液等现象。

(4)检查传动带张力。

(5)发动机配线的连接。

(6)发动机箱软管的连接。

5.汽车底盘检查

(1)检查制动系软管和线路。

(2)检查燃油系软管和线路。

(3)检查手动变速器油位,检查是否漏油。

(4)检查传动轴防尘罩状况。

(5)检查动力转向系线路。

(6)检查齿条—齿轮护罩情况。

(7)检查全部转向系紧固件。

(8)轮胎状况。

检查调整轮胎气压,检查轮胎规格。

(9)检查车轮螺母扭力,拧紧车轮螺母。

(10)检查减震器状况。

用手按压汽车前、后、左、右四个角,松手后跳动不多于两次,表示减震器性能好。

6.汽车路试检查

(1)检查组合仪表的工作状况。

启动发动机,在冷启动时注意转速表指针的变化。正常情况下,指针应打到 1 500 r 左右,然后正常平顺的滑落至 750 r。然后观察各种仪表及报警装置工作是否正常,当冷却液温度和机油压力正常时。

(2)检查制动踏板、离合器踏板的高度及自由行程。

坐好后,手放在转向盘上,左脚踏离合器踏板,应感觉轻松自如,并有一小段自由行程;右脚踩下制动踏板不放,其应保持一定高度,若其缓慢下移,则表示制动系有泄漏现象。

(3)检查正常工作温度下发动机的工作情况。

听急速的声音,应该是平稳而且连续的,不应该有金属敲击声和其他异响;下车观察排气管排烟是否正常,将手伸到排气口感觉一下排气是否连续,正常的应该使掌心有点潮湿,但不应有机油味;听急加速的声音和发动机对节气门的反映是否准确和迅速。

(4)检查检查汽车的行驶性能及操纵性。

试车时遇上、下立交桥可感觉一下加速和动力情况;通过加、减挡位,轻打转向盘,感觉转向系是否满意;正常行驶时方向应不跑偏,能自动维持直线行驶,转弯后可以基本自行回正(90%);车辆调头,左、右转向打到极限时车轮应无异响。

(5)检查离合器、变速器的工作情况。

特别是高速挡位在 3 000 r 时入挡应该非常轻松而且准确。

(6)检查行车及驻车制动器的工作情况。

高速制动应该反应强烈并不跑偏,一般制动应该柔和而准确。

(7)检查转向机构的工作情况。

转向可以在行驶中试试是否反映准确和灵敏度高低,试试最小半径调头,听听是否有摩擦的声音,并检查左、右的转向角,一般左、右是不一样的,助力转向打到最大转向角后应该回一点,避免长时间打开助力泵最大角造成助力泵烧毁。

(8)检查暖风及空调工作情况。

(9)检查音响系统工作情况。

(10)检查自动变速器液位(热态检查)。

(11)寻找异常噪声与振动。空挡点火后,加节气门使之发动机转数达到满刻度 2/3,在外听声是否有杂音及共振。

7. 车辆检查后的收尾

(1)拆除多余的标签,清洗车辆。

(2)清点随车的工具和附件是否齐全。

(3)检查交付客户的所有相关资料是否齐全。清点查验发票、出厂证、保险单、保修单、说明书、使用手册、保修手册等是否齐全正确。

任务 6.2　日常维护与保养

日常维护是保证汽车正常技术状况的基础,由驾驶员负责完成。其主要作业内容是:坚持"三检",即出车前、行车中、收车后,检视车辆的安全机构及各部件连接的紧固情况;保持"四清",即保持机油、空气、燃油滤清器和蓄电池的清洁;防止"四漏",即防止漏水、漏油、漏气和漏电;保持车容整洁。

6.2.1　日常维护基本作业项目

(1)出车前。

①清洁汽车外表面及驾驶室。

②检查散热器存水量、燃油量、机油量及有无泄漏现象。

③检查散热器盖、油箱盖、加机油盖等是否齐全。

④刮水器、反光镜、门锁门窗玻璃及升降手摇柄是否齐全有效。

⑤喇叭、灯光仪表、汽车牌照和行车执照是否齐全、完好及有效。

⑥各电路线路是否有松动现象。

⑦各部油管、水管、气管及接头是否有泄漏情况。

⑧轮胎气压是否符合规定,消除胎纹间杂物。

⑨启动机发动机,查听有无异响,各部仪表工作是否正常。

⑩油门、离合器、转向机构、制动系等连接传动部位是否牢靠。

(2)行车中。

①检查各部仪表工作状况。

②检查各种操作机构是否灵活有效。

③发动机、底盘、有无异响和异味。

(3)途中停车。

①检查转向机构及其他操纵机构等各连接部位是否牢靠。

②检查有无漏油、漏气、漏水现象。

③检查轮胎外表及气压,清除轮胎胎纹间杂物。

④检查制动器有无拖滞和发热现象。

(4)收车后。

①清洁汽车外表及驾驶室。

②检查钢板弹簧总成情况。

③检查轮胎气压状况和两轮间是否有杂物。

④检查有无漏水、漏油、漏气现象,并补充燃油、润滑剂和制动液。

⑤检查冷却系,夏季定期换水以防堵塞,冬季未加防冻液的水应该放净。

6.2.2 汽车日常维护作业的工艺流程

汽车日常维护作业的工艺流程如图6.10所示。

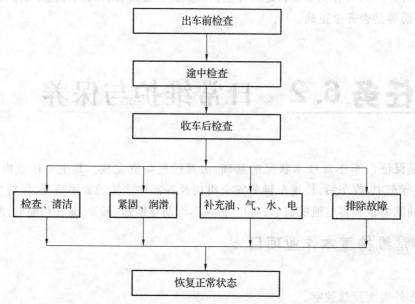

图6.10 汽车日常维护作业的工艺流程

6.2.3 汽车日常维护举例

桑塔纳GLi轿车日常维护作业操作表见表6.1。

表6.1 桑塔纳GLi轿车日常维护作业操作表

序号	作业项目	必备工具	作业内容	竣工条件
1	检查轮胎	目测	检查各个轮胎气压;检查轮胎侧面有无裂缝;检查轮胎花纹;检查轮胎表面是否清洁	轮胎清洁,胎面无气鼓、裂伤、老化、变形及扎钉等,气门嘴完好

续表 6.1

序号	作业项目	必备工具	作业内容	竣工条件
2	发动机室外观检查	目测	检查各油管有无漏油;检查线路和各种插头、接头有无松脱;检查各传动带有无破损或丢失	传动带应无龟裂和过量磨损,表面无油污,各种线路、油管、插头和接头连接牢固
3	检查冷却液液面	目测	目测冷却系外观,冷却液的液面应在上、下标线之间	每两年应更换,注意:如需补加,只能补加 012(红色),不得与其他类型的添加剂混合使用
4	检查喇叭和刮水器	目测	检查喇叭和刮水器	附属装置齐全,刮水器、风窗洗涤器齐全有效
5	机油油位	目测	待发动机停转几分钟后,用布擦干净后再插回原处;再次拔出机油尺,读出	油位应位于两个标记之间
6	检查蓄电池	目测	目测检查蓄电池表面是否清洁,是否有液体流出;免维护蓄电池,目视检查蓄电池状态指示灯;蓄电池桩头是否有松动或被腐蚀	蓄电池状态指示灯为绿色,无液体流出,桩头固定牢固
7	制动液和转向液压助力器液面	目测	检查制动液和液压助力器油罐内的油面高度	制动液:液面位于 MAX 和 MIN 之间;助力器:热态时,液面高度需接近最大刻度,冷态时,不低于最小刻度
8	仪表中各个指示灯	目测	观察各仪表和故障指示灯	各指示灯均指示正常
9	燃油表	行驶中目测	燃油表指针不能低于红色区域刻度线	油量过少,将影响到燃油泵的散热效果,降低其使用寿命
10	冷却液温度表	行驶中目测	正常行驶时,冷却液温度表指针应该在红色指示灯左右	当冷却液温度报警灯亮时,应立即停车检查,确认无患后,方可继续行驶;若继续报警,应立即停驶

任务 6.3 一级维护与保养

汽车一级维护是指车辆行驶到一定里程(间隔里程因车辆和使用条件而不同)后,除完成日常维护作业外,还应进行以清洁、润滑和紧固为中心的作业内容,并检查有关制动、操纵等安全件,由专业维修人员负责执行车辆的维护作业。

6.3.1 汽车一级维护保养的工艺流程及作业内容

现代汽车一级维护除了完成润滑和紧固两大中心作业外,还要进行大量的检查作业,同时进行清洁、补给和调整等作业。一级维护保养作业的工艺流程如图 6.11 所示。

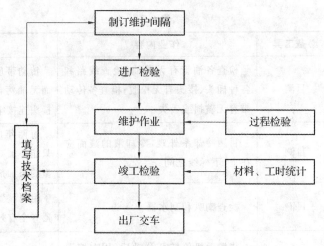

图 6.11　一级维护保养作业的工艺流程

6.3.2　检查总体思路

（1）目视检查发动机和发动机舱。

拆下发动机盖罩，检查发动机和发动机舱是否泄漏和损坏，检查下述系统的软管和接头是否泄漏、擦伤、渗漏及脆裂：燃油系、冷却系、加热系和制动系；再从下面检查同样的地方，这时要将车举起，拆下底护板。

（2）从下面目测检查是否泄漏及损坏：总成、转向系、万向节护套、制动系、软管、储液罐及车底板等。

6.3.3　一级维护竣工检验技术要求

（1）发动机前后支垫、进排气歧管、散热器、钢板弹簧、U形螺栓、制动底板、轮胎、传动轴、半轴、车身、车厢、附件支架等外露螺栓螺母齐全紧固，各种衬垫圈完好。

（2）转向臂、转向横直拉杆、制动操纵机构可靠，锁销齐全有效，转向拉杆球头、转向传动十字轴承、传动轴十字轴承不松旷。

（3）当车辆处于水平状态时，转向器、变速器、主减速器润滑油油面，应不低于检视口下沿 15 mm，通风孔应畅通；变速器、主减速器凸缘螺母齐全紧固、锁止可靠。

（4）各滑脂嘴齐全有效，安装正确，润滑点全部润滑，轴销端应有被挤出的油迹。

（5）发动机、空压机、曲轴箱通风的空气滤清器滤芯清洁，机油转子滤清器运转正常。

（6）轮胎气压应符合充气规定，胎面无嵌入的石子、铁钉等杂物。

（7）离合器踏板和制动踏板自由行程应符合规定。

（8）灯光、仪表、喇叭、信号装置齐全有效。

（9）蓄电池电解液液面应高出极板 15～20 mm，通气孔畅通，电桩夹头清洁牢固。

（10）轮毂轴承不松旷。

（11）全车不漏油、不漏水、不漏气、不漏电。

（12）短途试车，检查维护效果。试车中，发动机、底盘运行正常，无异响；各操纵部位符合技术要求；转向、制动系灵敏可靠；各部紧固无松动；试车后，检视各部无漏水、漏油、漏气和漏电现象。

6.3.4　一级维护周期

一级维护的时机一般按汽车生产厂家推荐或规定的行驶里程或使用时间进行。一级维护的间隔里程为 7 500～15 000 km 或六个月，以行驶里程或使用时间先达到为准。

6.3.5 汽车一级维护保养作业举例

表6.2 汽车一级维护保养的作业内容

序号	项 目	作 业 内 容	技 术 要 求
1	点火系	检查、调整	工作正常
2	发动机空气滤清器、空压机空气滤清器、曲轴箱通风系空气滤清器、机油滤清器和燃油滤清器	清洁或更换	各滤芯应清洁无破损,上、下衬垫无残缺,密封良好;滤清器应清洁,安装牢固
3	曲轴箱油面、冷却液液面、制度液液面高度	检查	符合规定
4	曲轴箱通风装置、三元催化转化装置	外观检查	齐全、无损坏
5	散热器、油底壳、发动机前后支垫、水泵、空压机、进排气歧管、输油泵、喷油泵连接螺栓	检查校紧	各连接部位螺栓、螺母应紧固,锁销、垫圈及胶垫应完好有效
6	空压机、发电机、空调机皮带	检查皮带磨损、老化程度,调整皮带松紧度	符合规定
7	转向器	检查转向器液面及密封状况,润滑万向节十字轴、横直拉杆、球头销、转向节等部位	符合规定
8	离合器	检查调整离合器	操纵机构应灵敏可靠;踏板自由行程应符合规定
9	变速器、差速器	检查变速器、差速器液面及密封状况,润滑传动轴万向节十字轴、中间承,校紧各部连接螺栓,清洁各通气塞	符合规定
10	制动系	检查紧固各制动管路,检查调整制动踏板自由行程	制动管路接头应不漏气,支架螺栓紧固可靠。制动联动机构应灵敏可靠,储气筒无积水,制动踏板自由行程符合规定
11	车架、车身及各附件	检查、紧固	各部螺栓及拖钩、挂钩应紧固可靠,无裂损,无窜动,齐全有效
12	轮胎	检查轮辋及压条挡圈;检查轮胎气压(包括备胎),并试情况补气;检查轮毂轴承间隙	轮辋及压条挡圈应无裂损、变形;轮胎气压应符合规定,气门嘴帽齐全;轮轴承间隙无明显松旷
13	悬架机构	检查	无损坏、连接可靠

续表 6.2

序号	项目	作业内容	技术要求
14	蓄电池	检查	电解液液面高度应符合规定,通气孔畅通,电桩夹头清洁、牢固
15	灯光、仪表、信号装置	检查	齐全有效,安装牢固
16	全车润滑点	润滑	各润滑安装正确,齐全有效
17	全车	检查	全车不漏油、不漏水、不漏气、不漏电、不漏尘,各种防尘罩齐全有效

任务 6.4　二级维护与保养

二级维护由专业维修工执行,维护的中心是总成解体、清洗、拆检、调整及消除隐患。二级维护作业内容除一级维护作业内容外,以检查调整为主:检查调整发电机及电气设备的工作状况,清洗机油盘和集滤器,检查制动机构,检查离合器及其他总成的工作状况并视需要进行调整。拆检轮胎,进行换位。

6.4.1　汽车二级维护保养工艺流程

汽车二级维护保养工艺流程如图 6.12 所示。

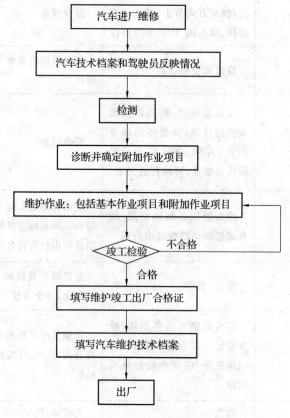

图 6.12　汽车二级维护保养工艺流程

6.4.2 检测诊断项目

(1)点火系参数:点火电压、点火提前角。
(2)发动机动力性:无负荷功率、各缸功率的平衡。
(3)启动系统参数:启动电流、启动电压。
(4)汽缸密封情况:汽缸压力、曲轴箱窜气、汽缸漏气、真空度。
(5)配气相位:进排气门开启、关闭角度。
(6)发动机异响:曲轴轴承、连杆轴承、活塞、活塞销、配气机构。
(7)汽缸表面状况:汽缸拉缸、活塞顶烧蚀、积炭、活塞偏磨。
(8)机油化验分析:水分、闪点、酸值、运动黏度、含铁量。

6.4.3 检查部分

(1)发动机:发动机油、水密封、曲轴前后油封、散热器、水泵水封、水套漏水、曲轴窜动量、异响。
(2)转向系:方向盘自由行程、转向机工作状况、油封密封状态及路试转向稳定性。
(3)传动系:离合器工作情况、变速器、减速器壳油封状态及壳体表面状况,路试变速器、传动轴、毂轴承、主减速器、差速器异响、变速器及差速器壳体温度。
(4)行驶系:轮胎偏磨、钢板弹簧座、销、套磨损状况;车架裂伤及各部铆接状况。
(5)仪表信号:仪表信号、机油压力、水温及发动机充放电指示。
(6)其他:车身、驾驶室各钣金件开裂、锈蚀、变形、脱漆、锁止机构状况及牵引机构状况。

6.4.4 二级维护保养基本作业规程举例

(1)适用车型:桑塔纳 LX、2000GLs、2000GLi、2000GSi、2000GSi-AT。
(2)桑塔纳轿车二级维护保养周期:15 000 km。
(3)桑塔纳轿车二级维护保养基本作业规程见表 6.3。

表 6.3 桑塔纳轿车二级维护保养基本作业规程表

序号	维护项目	作业内容	技术要求
1	发动机机油,机油滤清器	(1)更换机油 (2)更换机油滤清器 (3)检查机油压力及报警装置	(1)机油规格:JV 型发动机为 API SF 以上,AFE 型发动机为 API SG 以上,AJR 型发动机为 API SJ 以上;润滑油黏度等级(SAE 标准)根据环境温度选择 (2)机油总量为 3 L,液面高度(冷车时)应在油尺标记 MAX 与 MIN 之间 (3)机油滤清器在安装前应先注入机油,并在密封圈上抹一层机油;总成安装固定可靠、密封良好 (4)发动机预热后,在冲击载荷作用下,各部不应有渗油、漏油现象 (5)机油压力:急速时低压处不小于 30 kPa,高压处不小于 180 kPa;机油压力报警装置性能良好、可靠

续表 6.3

序号	维护项目	作业内容	技术要求
2	空气滤清器、进气预热装置	(1)清洁空气滤清器壳,更换空气滤清器芯 (2)检查冷却液预热加热导管和热敏开关(JV型发动机) (3)检查进气歧管电加热器电器线路和热敏开关(JV型发动机)	(1)空气滤清器清洁,密封良好,安装可靠 (2)恒温进气装置温控开关真空软管无破损,连接可靠,冷热空气转换开关工作灵敏、准确 (3)加热导管无老化、破损,连接可靠,当冷却液温度低于60℃时,进气管电加热器开始工作;当冷却液温度高于70℃时停止工作
3	燃油系统	(1)检查燃油箱 (2)检查燃油管及接头 (3)更换燃油滤清器 (4)检查燃油泵 (5)检测燃油压力和系统保持压力(电喷发动机)	(1)油箱及其盖、垫完好,安装可靠,密封良好 (2)燃油管无老化、裂损;接头无破损、渗漏,紧固可靠 (3)燃油滤清器连同卡箍一起更换(电喷发动机每 30 000 km 即进行更换),安装可靠,密封良好 (4)燃油泵工作正常,无异响 (5)燃油压力标准值(电喷发动机):急速时为 230~250 kPa,急加速时为 260~280 kPa;当油泵停止工作 10 min 时,系统压力应大于 150 kPa
4	化油器及联动机构	(1)拆洗化油器 (2)检查化油器联动装置,紧固螺栓 (3)检查手动阻风门开度,调整急速及排放状况	(1)化油器各部清洁,油路畅通 (2)节气门、阻风门开闭自如,阀门关闭严密,联动机构运动灵活、不松旷,垫圈、锁销齐全有效 (3)各部连接牢固,密封良好 (4)各工作系统和附加装置工作正常 (5)急速平稳,加速良好,急速转速为(800±50)r/min,排放符合国家排放标准
5	喷油器	(1)检查喷油器的作用 (2)每运行 60 000 km 清洗喷油器,检测喷油器开启压力 (3)检查急速及排放	(1)喷油器清洁,动作灵敏,无滴油、漏油现象,开启压力标准值为 280~320 kPa (2)在热机、点火正时准确、PCV(曲轴箱强制通风)阀取下并堵住时调整急速;急速平稳,加速良好,急速值为(900±50)r/min,排放符合国家排放标准
6	燃油蒸发控制装置	(1)检查软管及接头 (2)检查活性炭罐电磁阀动作情况	(1)软管无老化、裂损,连接可靠,无泄漏 (2)活性炭罐电磁阀动作灵敏
7	曲轴箱通风(PCV)装置	检查、清洁 PCV 阀、PLV 滤清器、通气软管	(1)各阀门无堵塞、卡滞现象,灵敏有效 (2)PCV 滤清器清洁、工作正常 (3)通风系统管路清洁、畅通,连接可靠,不漏气
8	三元催化转换器、氧传感器	(1)检视外观及连接状况 (2)检查三元催化转换器内部是否破损、堵塞 (3)检查三元催化转换器的作用	(1)氧传感器完好,工作有效 (2)三元催化转换器上的保护壳应完整,连接牢固;内部无破损,不堵塞,工作有效 (3)各连接导管连接完好,无泄漏 (4)每运行 60 000~80 000 km 更换三元催化转换器,每运行 80 000~100 000 km 更换氧传感器

续表6.3

序号	维护项目	作业内容	技术要求
9	发动机传动带及带轮	(1)检查传动带及带轮外观 (2)调整传动带挠度	(1)传动带应无龟裂和过量磨损,表面无油污 (2)带轮无明显端面跳动,轮槽无明显磨损,运转无异响 (3)以约98 N的力下压传动带,各部件挠度:交流发电机处12 mm;水泵处10 mm;转向助力泵处5 mm (4)正时带松紧度要求:用拇指和食指应能将其翻转90°,每80 000 km更换
10	配气机构	检查液压挺柱工作状况	发动机正常运转时,挺柱处不应有异响
11	冷却系	(1)检查散热器、膨胀箱、箱盖压力阀及水管 (2)检查冷却液品质及液面高度 (3)检查水泵 (4)检查节温器工作状况 (5)检查冷却风扇工作状况	(1)冷却系各部无变形、破损及渗漏 (2)散热器盖、膨胀箱盖结合表面良好、密封,箱盖压力阀清洁,不堵塞,能正常开启 (3)冷却液液面高度应在储液罐上、下标线之间,冷却系容量为6 L (4)水泵无异响、渗漏 (5)节温器工作灵敏、准确,在(87±2)℃开启,水温表指示正确(系统正常工作温度为90~105 ℃) (6)冷却风扇运转平稳,高、低挡转速有明显变化,无异响;热敏开关工作灵敏、准确,低速挡在95 ℃开启,高速挡在105 ℃开启
12	分电器、高压线	(1)清洁分电器 (2)检查分电器各电极 (3)检查分电器高压线及阻值 (4)检查分电器轴与壳配合状况,并润滑 (5)检查霍尔信号发生器转子,检查转子叶轮气隙 (6)检查、调整点火提前角	(1)分电器无油污,分电器盖不破损,无裂纹 (2)各电极无烧蚀,中心电极若比标准长度短2 mm则应更换 (3)高压线无破损、不漏电,接线端无缺陷,阻值符合规定 (4)分电器轴与壳配合无明显旷动,径向间隙小于0.1 mm (5)转子叶轮无变形,气隙标准为0.2~0.4 mm (6)点火提前角:JV型发动机6°±1°;AFE型发动机12°±1°;AJR型发动机12°±4.5°
13	火花塞	(1)清洁、检查或更换火花塞 (2)调整火花塞电极间隙	(1)电极表面清洁,间隙:JV、APE型发动机0.7~0.8 mm;AJR型发动机0.9~1.1 mm (2)非长效型火花塞每运行30 000 km即更换;长效型每60 000 km即更换
14	进、排气歧管、消声器	检查、紧固进、排气歧管及消声器	(1)进、排气歧管和消声器各部完好,无裂纹,无漏气,消声器性能良好;胶垫齐全 (2)排气管固定可靠 (3)进、排气歧管螺母拧紧力矩为24 N·m
15	发动机支架	检查、紧固	发动机支架无变形和裂纹,支架胶垫无老化、开裂,支架螺栓连接牢固,拧紧力矩为70 N·m

续表 6.3

序号	维护项目	作业内容	技术要求
16	离合器	(1)检查、调整离合器踏板自由行程 (2)检查离合器的工作状况	(1)离合器踏板自由行程为 15~25 mm (2)离合器结合平稳,不打滑,无异响,分离彻底,回位灵活
17	手动变速器、差速器	(1)检查齿轮箱密封状况,紧固各部螺栓 (2)检查变速器齿轮油油面高度及油质 (3)清洁通气孔塞 (4)检查、润滑变速器换挡操纵机构	(1)齿轮箱外部清洁、无裂纹,各部连接紧固,密封良好,无渗漏油 (2)齿轮油清洁,不变质,无焦味;齿轮油规格为 APlGL-5;油面应在加油口下边缘 (3)通气孔塞清洁、畅通 (4)换挡机构操纵灵活、轻便,作用正常,无异响、跳挡、乱挡现象
18	自动变速器	(1)检查变速器液压油油面高度及油质 (2)检查变速器液压油冷却器密封性 (3)检查各传感器,测试主油路压力 (4)检查操纵机构	(1)自动变速器油面应在油尺 FULL 标记处,液压油规格为 DexronⅡ;液压油每运行 60 000 km 更换,同时更换滤芯 (2)变速器液压油冷却器无损坏、渗漏,液压系统主油路压力符合原厂标准 (3)换挡机构操纵灵活、轻便,作用正常,无异响、跳动、乱挡现象
19	驱动轴	(1)检查防尘罩情况 (2)检查驱动轴内外万向节	(1)防尘罩不得有裂纹、损坏,卡箍可靠 (2)安装新防尘罩时不得使防尘罩内产生真空 (3)万向节不松旷,无卡滞,无异响
20	转向器、液压助力泵、转向减震器	(1)检查转向器、液压助力泵、储液罐等部件的密封性 (2)检查液压助力泵油质及油面高度 (3)检查转向减震器 (4)检查液压助力泵工作状况	(1)转向器、液压助力泵、储液罐密封良好,无渗漏;油管不变形,无阻滞 (2)储液罐液面应在规定标线内 (3)转向器防尘罩无裂纹、损坏,卡箍可靠 (4)液压油品质良好,油面保持在刻度上线,液压油规格为 ATF 或 DexronⅡ,每运行 60 000~100 000 km 更换 (5)转向助力装置工作良好,无异响
21	转向传动机构、车轮定位及转向角	(1)检查转向传动机构的工作状况,校紧各部螺栓 (2)检查转向盘自由转动量 (3)检查车轮定位,调整前束或校正、更换有关部件 (4)检查、调整前轮转向角	(1)转向拉杆衬套不松旷,各杆件无明显变形,球头不松旷,各部分螺栓连接可靠 (2)转向盘位置正确,转向轻便、灵活,无自由转动量 (3)车轮定位标准如下 前轮:车轮外倾角为 -50'±15',左右轮最大允差为 10';主销后倾角:机械转向为 50'±30',动力转向为 1°30'±30',左右轮最大允差为 30';主销内倾角为 13°47',总前束角为 8'±8'后轮:车轮外倾角为 -1°30'±20',左、右轮最大允差为 30';总前束角为 -12'±20',左、右轮最大允差为 20'(在 2000 年 9 月 VIN 代号 LSVACFD07YB103826 之前的车辆,后轮前束角为 25'±15',外倾角为 -1°40'±20') (4)转向角值:内轮为 40°18',外轮为 35°36'

续表 6.3

序号	维护项目	作业内容	技术要求
22	前轮制动器	(1)拆卸、清洁各零部件 (2)检查各件磨损情况 (3)装复并润滑制动器总成,调整轮毂间隙	(1)各零部件完好、清洁 (2)制动盘表面不得有裂纹、沟稽;制动盘厚度不逾限:LX系列 10 mm,2000 系列 17.8 mm;端面圆(外缘最大处)跳动量小于 0.05 mm (3)制动摩擦块表面无油污,无裂损,厚度极限值:2.5 mm(不含制动块) (4)制动轮缸密封良好,回位自如 (5)制动钳固定螺栓拧紧力矩:70 N·m (6)轮毂转动灵活,无异响,轴向间隙小于 0.1 mm
23	后轮制动器	(1)拆卸、清洁各零部件 (2)检查各件磨损情况 (3)装复、润滑制动器总成,调整轮毂间隙	(1)各零部件完好、清洁 (2)制动鼓表面无油污,不得有裂纹、沟槽,制动鼓直径方向的磨损量小于 1 mm,圆度误差小于 0.1 mm (3)制动摩擦片表面无油污,无裂损;厚度标准值为 5 mm,磨损极限为 2.5 mm (4)轮毂转动灵活,无异响;轴向间隙小于 0.1 mm
24	制动操纵系统	(1)检查制动液品质、液面高度及制动液面指示灯开关 (2)检查制动管路及接头 (3)检查制动主缸和真空助力器工作状况(在)排除系统内空气 (5)检查踏板自由行程	(1)制动液不变质,液面高度应与储液罐液面标记平齐,制动液规格为 N052766XO;每两年或运行超过 50 000 km 更换制动液 (2)制动管路无破损、老化,不扭曲,汽车行驶时不碰擦汽车任何部件,连接牢固,各部无渗漏 (3)制动主缸、轮缸及助力器密封良好,真空助力器工作有效 (4)系统内无空气,制动效能良好,指示灯开关灵敏、有效 (5)制动踏板自由行程应小于制动总行程的 1/3
25	驻车制动器	(1)检查驻车制动器拉索及锁止状况 (2)检查驻车制动器自由行程 (3)检查驻车制动灯开关	(1)驻车制动器支架及各杆件、拉臂无明显变形,连接可靠;驻车制动器拉索不得有断裂或锈蚀,运动灵活 (2)驻车制动器生效齿数为 2~3 齿,20% 正反坡驻车有效 (3)驻车制动灯开关灵敏、有效
26	悬架	(1)检查减震器密封及连接状况 (2)检查摆臂与球头 (3)检查减震弹簧 (4)紧固各部螺栓	(1)减震器不漏油,上部连接支套无凸起、开裂,紧固可靠,减震作用良好 (2)当上下晃动前悬架时,摆臂球头与制动器底板间的距离变化小于 0.8 mm,下摆臂衬套完好,配合无松动 (3)减震弹簧无损伤,定位可靠 (4)各部件无变形、开裂,连接可靠,拧紧力矩要求如下 前悬架:下摆臂与车架连接自锁螺母 60 N·m,减震器与车身连接自锁螺母 60 N·m 后悬架:下摆臂与车架连接自锁螺母 70 N·m,减震器与车身连接自锁螺母 35 N·m

续表6.3

序号	维护项目	作业内容	技术要求
27	车轮	(1)清洁检查轮辋及轮胎胎面 (2)进行轮胎换位 (3)检查、补充轮胎气压 (4)进行车轮动平衡	(1)轮辋无裂纹和变形 (2)车轮清洁,胎面无气鼓、裂伤、老化、变形或扎钉,胎面花纹深度大于1.6 mm(不露出花纹磨损指示凸台),气门嘴完好 (3)轮胎气压标准(空载)前轮180 kPa;后轮190 kPa;备胎230 kPa (4)两前轮转动无明显偏摆,动不平衡质量小于5 g (5)轮胎的装用符合要求,轮胎螺栓拧紧力矩为110 N·m
28	车门、玻璃升降器、发动机盖、备箱盖	(1)检查、润滑车门、发动机盖铰链、拉索 (2)检查玻璃升降器工作状况	(1)车门、发动机盖和后备箱盖启闭灵活,锁止可靠 (2)车门玻璃完好、清晰,无裂纹,安装牢固,密封良好 (3)玻璃升降器升降自如,定位可靠,无卡滞,不自行下滑或上下跳动
29	车身、车架、安全带	(1)检查、紧固各部分螺栓 (2)检查安全带	(1)车身承载部位无裂纹,无变形,车身外壳、底板各部分无严重锈蚀、损伤和变形 (2)安全带齐全有效
30	坐椅、车身内装饰	检查、紧固	(1)坐椅移位方便,锁止可靠 (2)后视镜等其他车身内装饰齐全、完好
31	蓄电池	(1)清洁外表及极桩、通气孔 (2)检查电解液液面高度 (3)测量端电压,补充充电	(1)蓄电池清洁,支架完好,安装牢固,极桩无腐蚀,连接可靠,通气孔清洁、畅通 (2)电解液液面高度符合规定 (3)蓄电池放电电流大于110 A时端电压不低于9.6 V
32	发电机及调节器	(1)检查发电机运转情况 (2)测试发电机输出电压	(1)发电机运转平稳,无异响,连接可靠 (2)发电机1 000 r/min时(用电器全负荷)输出电压应大于12.5 V (3)每运行60 000 km应解体维护发电机
33	启动机	(1)检查外观,紧固连接螺栓 (2)检查启动机工作状况	(1)启动机外壳、整流子端盖和驱动端盖无裂损、变形,与发动机连接紧固 (2)启动电磁开关工作灵敏、可靠,无异响 (3)每运行60 000 km应解体维护启动机
34	照明设备、仪表,信号装置、喇叭、刮水器、洗涤装置、全车电器、线路	检查各部件是否齐全,工作是否正常	(1)前照灯照射位置和发光强度符合《机动车运行安全技术条件》中的有关规定 (2)其他灯光、喇叭、各仪表、信号装置齐全、功能有效 (3)刮水器电动机运转无异响、刮水片安装可靠、动作位置正确,挡位清楚、可靠 (4)洗涤装置完好、有效 (5)各电器线路完好,不漏电,连接正确,卡位可靠

续表6.3

序号	维护项目	作业内容	技术要求
35	空调装置	检查空调系统工作状况、密封状况	(1)制冷系统清洁、密封制冷效果良好 (2)暖气装置工作正常 (3)控制装置工作正常
36	电子控制系统	检视电子控制系统仪表显示(包括ABS、安全气囊、防盗器等)	电子控制系统仪表显示正常,否则应使用V.A.G1551/1552进行故障查询和数据阅读,并排除故障,然后清除故障代码

任务6.5 汽车磨合期的维护与保养

车辆的非定期维护包括车辆磨合期维护和车辆季节性维护。新车或大修竣工的汽车投入使用的初期称为汽车磨合期。季节、气候的变化必然会影响汽车运行条件的变化。为了使汽车在不同的地区、不同的季节里都能可靠的工作,在季节转换之前,结合定期维护,并附加一些相应的作业项目,使汽车能适应变化了的运行条件,这种附加性维护称为季节维护或换季维护。

汽车新的传动零部件的表面总会存在一定的细微瑕疵,使得零部件在运转时相互之间的接合与啮合不够严密,造成接触点的摩擦比较剧烈。如果运转速度过快,会由于接触点摩擦温度过高或载荷过大造成零部件的永久性损坏。因此,新的汽车传动零部件在初期运转时,接触点的相对速度不能过高并应及时更换润滑,以免悬浮在润滑油中的金属碎削进入摩擦面进而加速零件的磨损。新的传动零部件经过一段时间的运转摩擦,使得接合与啮合面的接触非常吻合、表面非常光洁的过程,称为磨合。

6.5.1 磨合期维护

磨合期内的内容比较简单(清洁、润滑、紧固),无特殊情况驾驶员自己可以完成。汽车磨合期里程一般为1 000～1 500 km,有的车型为2 000～3 000 km,部分进口汽车将首次维护里程定为7 500～10 000 km。汽车磨合期的保养操作可分为汽车磨合前的保养、汽车磨合中期的保养和磨合后的保养。

汽车磨合前的保养是为了预防汽车出现事故和损伤,保证汽车顺利完成磨合期的作业。

汽车行驶500 km左右进行磨合中期保养,主要是对汽车各部技术状况开始变化的部分进行一次及时的保养,以恢复汽车良好的技术状况,保证汽车磨合顺利进行。

汽车磨合期结束后,应到指定的汽车维修站进行磨合期保养。通过保养对汽车进行全面的检查、紧固、调整和润滑作业,使汽车达到良好的行驶状态。

6.5.2 汽车磨合期的注意事项

1.避免超负荷行驶

汽车在磨合期内装载量不能超过额定载荷的75%。新车在装载时应低于规定的载重量和人数,更不能超载。超载会加重发动机、变速器、传动系、悬挂系等部件的负担,加速磨损。一般而言,国产车不能超过额定载荷的75%,进口车不能超过额定载荷的90%。另外,为减少车身和动力系的负荷,应选较平坦的行车路面,避免振动、冲撞或紧急制动。

2. 勿高速行驶

新车磨合期内有速度限制。一般而言,国产车在 40~70 km/h 内,进口车一般在 100 km/h 内。确保发动机转速和车速在中速工作,一般情况下,磨合期发动机转速应在 2000~4 000 r/min;忌跑长途,车在磨合期内跑长途,发动机连续工作的时间就会增加,易造成机件磨损。此外,驾驶时应及时换挡,避免高挡位低转速和低挡位高转速行驶。一般而言,各挡位时速控制在顶速 3/4 范围内;车在磨合期还应注意尽量不做紧急刹车,力争做到慢启动,缓停车。

3. 使用优质汽油

新车在磨合期内使用的汽油不能低于厂家规定的标号,切勿添加抗磨损的油精,以免里程数已够而磨合不足。此外,正确调整点火系和供油系,可以解决因安装了限速片造成的真空省油器产生的变化,提高磨合期的经济性。此外,正确合理的驾驶还包括启动时应轻踏缓抬离合器和加速踏板。启动后应低速运行,预热升温至 50~60 ℃等。

6.5.3 汽车磨合期维护作业举例

(一)汽车磨合前的保养

1. 清洁

清洁全车,检查汽车部位的连接情况。汽车外露的螺栓、螺母必须紧固稳妥。

2. 检查、添加燃油和润滑油

在润滑部位按规定加注足润滑油或润滑脂。

3. 检查补充冷却液

检查补充散热器的冷却液,检查并排除全车的漏油、漏气、漏水和漏电现象。

4. 检查底盘的技术状况

检查变速器换挡是否灵活;检查转向机构各部位有无松动和发卡现象;检查和调整轮胎气压。

5. 检查制动性能

检查制动系统的性能,试车检查制动系统的制动距离,有无制动跑偏和制动滞后等现象,如不符合要求,应排除。

(二)汽车磨合中期的保养

1. 润滑

充分润滑全车各个润滑点。

2. 检查

检查制动效能和各连接处、制动管路的密封程度,必要时加以调整和紧固。

3. 紧固

新车行驶 150 km 后,需检查一次全车外部螺栓、螺母紧固情况;行驶 500 km 时,则应将前、后轮轮毂螺母紧固一次。

(三)汽车磨合后的保养

(1)检测汽缸压力,清除燃烧室内的积炭。

(2)清洗变速器、驱动桥、转向器并更换润滑油;拆卸变速器壳下面的放油塞,排泄变速器壳内机油;通过油面检查螺塞孔,将规定的机油注入变速器壳内,一直注到油面检查螺塞为止。

(3)清洗润滑油道,更换润滑油及机油滤清器。

(4)检查和调整制动性能,更换制动液。

(5)检查和调整离合器踏板的自由行程,按规定力矩检查底盘和传动部分各部分的连接情况。

(6)紧固前、后悬架的螺母,检查后悬架弹簧固定螺栓及螺母有无松动;检查、紧固车身、车厢各部分连接件。

任务6.6 汽车季节性的维护与保养

季节维护主要有换入夏季和换入冬季两种情况。冬季来临,气温降低,尤其是北方天寒地冻,气温大多在零度以下,还经常会遇到风雪天气。冬季行车安全性应该是首先需要考虑的问题,因为每年冬季来临的时候,也到了汽车碰撞事故的高发期。因此在安全驾驶的前提下,对车辆进行正确的维护和保养是必不可少的。

6.6.1 车辆冬季维护

1.冬季轮胎的使用和维护

(1)冬季使用冬季轮胎的必要性。

冬季轮胎除了能提供在非常光滑的路面行驶时所需的牵引力外,更重要的是它能帮助驾驶员更安全地操控车辆,以避免意想不到的危险。

(2)使用冬季轮胎的注意事项。

注意,在同一车轴上必须安装同一规格、厂牌、结构和花纹的冬季轮胎。冬季轮胎磨损至轮胎纵向沟槽中所设的磨损指示标志时(即所剩花纹沟深1.6 mm时)应停止使用,并更换新胎。使用正确的充气压力延长轮胎寿命,胎压务必在轮胎冷却后检查,轮胎气压不可太高,但是也不可过低。

2.冬季车身维护

在入冬前,最好能给车身加上一层质量较高的保护层,如封釉或镀膜等,以抵御酸性雨、雪、盐水的侵蚀。

雪后及时洗车,会对汽车起到很好的保护作用。但洗车最好使用温水,不要用冷水直接冲洗。尤其是发动机升温后,车前部温度较高,用冷水清洗会造成急速降温,这样骤冷骤热对车身涂面非常不利,更不能用冷水直接冲洗发动机。

3.冬季汽车底盘维护

汽车底盘一般是人们最容易忽略也是最容易遭到腐蚀的部位,它同样会影响汽车的使用寿命。常年行驶的汽车,底盘上必然会附着一层厚厚的油污,局部还会生锈,严重影响散热,腐蚀车体。冬季除了气候寒冷的因素外,一些北方城市播撒在融雪剂中的化学药剂的某些成分对汽车底盘也会造成一定的腐蚀。因此每年入冬前最好对底盘做一次封塑处理,做完封塑处理后的底盘不挂水,能有效杜绝雨雪的侵蚀。

4.冬季风窗玻璃维护

在冬季,使风窗玻璃保持清晰是安全行车的基本条件。平时也可以在风窗玻璃内侧涂擦一些防雾剂,以防止玻璃起雾。同时还要重点检查有关加热装置,如风窗出风口、侧窗出风口、后窗电热器等,使其处于良好状态。对于玻璃上结的冰,可用柔软毛巾沾温水擦洗,还可准备一个塑料刮片,将很难擦洗掉的冰轻轻刮掉。

注意,千万不能用热水冲洗玻璃,更不能用滚烫的开水浇泼,否则容易引起玻璃炸裂。车窗被冻住时不要强行开关,电动车窗尤其要注意,应待其自然融化后再使用。冬季正确的除雾方法是用冷风除雾而不是热风。前风窗玻璃和车窗都应用冷风除雾,注意调节出风口及送风角度,后车窗可用除雾加热装置。早晨风窗玻璃上容易结一层厚厚的霜,影响视线。

5. 冬季天窗维护

冬天的早晨要等车内温度上升,并确认解冻后再打开天窗。洗车时,即使是使用温水清洗,若水迹未能完全擦净,洗车后应打开天窗,擦干周围的水分。

汽车天窗密封条表面经过喷涂或植绒处理,为避免被冻住,喷涂处理的胶条最好能用软布擦干,再涂上滑石粉,切勿沾上油污。电动天窗设有滑轨,冬季时应经常清理滑轨四周,避免沙粒沉积,每次清理后如能再涂抹少许机油,则效果更佳。

6. 冬季防启动困难

冷启动困难的主要原因是发动机温度太低,所以平时只要注意对发动机进行保温,不让寒风直接吹进发动机室,就可以避免这一现象。

最简单易行的方法就是在冬季停车时要注意车头的方向,最好让车头对着建筑物,利用建筑物来挡住寒风,防止发动机被寒风吹袭而过冷。如有条件,在夜间停车时,可将车头对着朝阳方向,使清晨的阳光能尽早照射到车头上,以帮助发动机升温,这样汽车发动时就会容易很多。

冬季应保持蓄电池有充足的电力,长期短途行驶的,要适当在高速上行驶一段时间,给电瓶充充电。此外,还应定期检查电路连接处,保证没有松动、腐蚀等现象。每次启动时间不要超过5 s,三次启动不了就不要再强行启动了,应该找专业维修人员排除故障。

7. 冬季制动系统的维护

冬季要经常检查制动系统,看制动液面是否正常,注意制动有无变弱、跑偏,必要时清理整个制动系的管路部分。雨雪天气后,制动盘片上会有雪水,晚间如果使用驻车制动,第二天早上可能盘片被冻上,要注意清理,缓慢制动。冰雪路面切忌急踩制动踏板。

8. 冬季其他部位的维护

入冬前应对车灯做一次全面检查:检查所有照明及转向灯、紧急警报灯等汽车灯具是否能够正常工作;检查各种线路是否老化;检查各类熔丝是否松动;检查暖风水管及暖风水箱,看暖风水箱有无漏水,出风口出风是否正常;还要注意风扇运转情况等。

6.6.2 车辆夏季维护及春秋季节的养护

1. 夏季汽车的使用和维护

(1)夏季发动机室维护。

①防汽油、水过度蒸发。高温下,汽油和水的蒸发都将增加。这时就需要车主随时检查,注意油箱盖要盖严,还要注意防止油管渗油。水箱的水位、制动总泵内的制动液液面高度都要经常检查。一旦发现有异样或是不合规范时,就要及时添加和调整。

②及时更换夏季润滑油。温度高,润滑油易受热变稀,抗氧化性变差,易变质,甚至造成烧瓦烧轴等故障。因此,应将曲轴箱和齿轮箱里换上夏季用润滑油,并经常检查润滑油油量、油质情况,如有异样,应及时加以更换。

③防发动机过热现象。为防止发动机产生过热现象,要经常对汽车散热系统进行全面检测,如查看风扇是否正常、散热器是否有渗漏,是否缺少冷却液等。若散热器漏水,应需及时修补或更换;若散热器缺液,需及时补充;若冷却液出现浑浊变质,则需要更换。还应注意风扇传动带不能沾机油,以防打滑,且传动带要尽量保持松紧适度。长途行驶途中要注意适时休息,尽量选择阴凉处,并打开发动机罩通风散热。平时也应多关注仪表盘内的水温表变化,若水温表指针偏高,应尽快检查。

④防冻液不可少。夏季在散热器里装上防冻液,就不容易被汽车散热器"开锅"所困扰了。此外,防冻液还有防锈、除垢的作用。夏季里,千万不要轻易把防冻液倒掉,也不要向防冻液内加水,这样做会影响防冻液的技术性能,到了冬季,再使用就很麻烦。

（2）夏季车身维护。

①做好涂面保护。为防止酸性的潮气对涂面造成损害,最简单易行的办法就是给汽车打上一层保护膜,防止涂面褪色老化,如打蜡、封釉、镀膜等。

②做好天窗维护。入雨季之前,天窗经历了整整一个冬天风沙的侵蚀,在框架、密封条的缝隙里会存有许多沙土,如果不及时清理,在雨季到来时,会降低天窗的密封性,从而引起漏水现象。此时只需打开天窗,用软布和棕毛刷仔细清理框架里的沙土,就可以避免因被沙粒卡住而引起的漏水。

③防止车身锈蚀。车辆的前风窗处通常设有流水槽及排水孔,可以及时排掉雨水及洗车的积水,当车辆经过冬天、春天后,流水槽往往沉积了许多泥土及树叶,极易堵住排水孔,应及时疏通排水孔,以免排水不畅造成积水。当汽车在泥泞路面行驶以后,一定要及时进行清洗。在清洗时要仔细检查和洁净车门以及车身底部的水孔,特别是要及时清洗车辆下侧的空隙处,以彻底消除潮气的藏匿之处。此外,涂层剥落要及时修复,防止时间长了而产生锈蚀。

④门窗密封要严密,晴天开门晒太阳。雨季到来前,应对汽车门窗的密封条进行一次全面检查,当密封条密封不严时,应及时更换。雨季气候闷热,再加上空气潮湿,是各种病菌繁衍生长的黄金季节,因此要特别注意加强汽车内室的防菌工作,使汽车内室保持干爽卫生,尤其是对汽车坐垫、出风口这些卫生死角更要做好清扫工作。要保持车内环境的干爽整洁,平时还应注意检查车内覆盖物的湿度。一旦遇到天气放晴,最好能将车辆停在日光下接受日晒。打开车门及车窗,让室内空气对流一番,被晒热的车身很快就会排除内部淤积的水汽。此外,阳光中的紫外线还具有杀菌消毒的功能。

⑤经常进行车内消毒。雨季是传染病多发季节,车主们常常在车内喷点消毒液进行杀菌灭毒,但是这种方法有时会对汽车内饰等部件造成损坏,而且还会产生水汽,使车内本已有的潮气又大大增加。因此,雨季最好能使用光触媒、臭氧等方法进行消毒。

⑥避免在积水中行驶。雨天汽车应尽量避免在积水中行驶,以免污水溅入车辆发动机罩内的电气部分。路过水坑时,要降低车速。如果车辆在积水中行驶,一旦发生发动机熄火情况,切忌立即启动发动机,以免将水吸入发动机内而造成损坏。

2.车辆春秋季节的养护

春秋季节是冬夏季节的过渡阶段,这时要对车辆做好入夏和过冬的准备,及时换油、换液。同时,春秋季节空气干燥、温差大、风沙大,尤其最近几年北方地区总有几天沙尘天气。在这样的气候条件下,车身容易产生静电,涂面容易被划伤,车身就成了重点保养的对象。

6.6.3 汽车季节性维护作业举例

1.冬季维护

(1)安装发动机附加保温罩及启动预热装置。
(2)测试节温器效能。
(3)发动机和底盘总成均换用冬季用润滑油。
(4)清洁燃料系各总成部件和管路。
(5)汽油机要调整火花塞间隙（适当增大）和分电器在断电触点间隙（适当增大）。
(6)调整蓄电池电解液密度（适当降低）；校正发电机调节器,适当降低充电电流、电压,并清洁调节器触点。
(7)采取防寒、防冻、防滑等保护措施。

2.夏季维护

(1)拆除发动机附加的保温设备,检视百叶窗能否全开。

（2）清除发动机水套和散热器内的水垢，测试节混合性能。

（3）放出发动机油底壳、变速器、减速器、转向器等各总成内的润滑油，清洗后加注夏季用油。

（4）清洗燃料系供给的燃油箱、滤清器、汽油发动机的化油器、柴油机泵油系和所有管路可调整汽油发动机的化油器或柴油机的喷油系，进排气歧管上有预热装置的应调整至"夏"字位置。

（5）汽油机要调整火花塞间隙（适当增大）和分电器断电触的间隙（适当增大）。

（6）调整蓄电池电解液密度（适当降低）；校正发电机调节器，适当降低充电电流、电压并清洁调节器触点。

（7）采取防暑降温措施。

课后练习

一、填空题

1. 车辆状态验证的项目有_____、_____、_____和_____。

2. 新车交车检验的内容有_____、_____及_____。

3. 日常维护是保证汽车正常技术状况的基础，由驾驶员负责完成。其主要作业内容是：坚持_____，即_____、_____、_____，检视车辆的安全机构及各部件连接的紧固情况；保_____，即保持_____、_____、_____、_____清洁；防止_____，即防止_____、_____、_____和_____，保持车容整洁。

4. 汽车一级维护是指车辆行驶到一定里程（间隔里程因车辆和使用条件而不同）后，除完成_____外，还应进行以_____、_____和_____为中心的作业内容，并检查有关_____、_____等安全件，由_____负责执行车辆的维护作业。

5. 二级维护由_____执行，维护的中心是_____、_____、_____、_____及_____。二级维护作业内容除_____外，以检查_____为主：检查调整_____的工作状况，_____和_____，检查_____，检查_____及_____的工作状况并视需要进行调整。_____，_____位。

6. 车辆的非定期维护包括_____和_____。

7. 车辆定期维护包括_____、_____和_____。

二、简答题

1. 什么是PDI？

2. 新车检验的项目具体有哪些？

3. 日常维护基本作业项目有哪些？

4. 画出汽车日常维护作业的工艺流程。

5. 汽车一级维护基本作业项目有哪些？

6. 画出汽车一级维护作业的工艺流程。

7. 汽车二级维护基本作业项目有哪些？

8. 画出汽车二级维护作业的工艺流程。

9. 汽车磨合期注意事项有哪些？

10. 汽车冬季、夏季维护的项目有哪些？

参考文献

[1] 柏令勇,李江生.汽车底盘构造与拆装[M].北京:人民交通出版社,2011.
[2] 朱翠艳.汽车维护与保养[M].北京:机械工业出版社,2007.
[3] 郭远辉.汽车维护[M].北京:人民交通出版社,2012.
[4] 邱伟明,沈云鹤.汽车使用与日常维护[M].北京:高等教育出版社,2008.
[5] 王扬,于天宝.汽车使用与保养[M].北京:北京理工大学出版社,2010.
[6] 吉武俊,高云.汽车维护与保养[M].北京:人民邮电出版社,2011.
[7] 王凤军.汽车维护与保养实训[M].北京:冶金工业出版社,2009.
[8] 范爱民.汽车维护与保养[M].北京:清华大学出版社,2010.
[9] 夏长明.现代汽车维护与保养[M].北京:机械工业出版社,2010.
[10] 高洪一.汽车维护与保养[M].武汉:华中科技大学出版社,2011.
[11] 孔宪峰.汽车发动机构造与维修[M].北京:高等教育出版社,2012.